面向知识服务的科学数据组织研究

何　琳　常颖聪　著

本书为国家社会科学基金青年项目“面向知识服务的科学数据组织与应用研究”（13CTQ035）的研究成果

科　学　出　版　社
北　京

内容简介

科学数据的组织是实现科学数据有效利用的重要手段之一。本书系统研究了科学数据的组织方法，重点关注科学数据元数据描述模型的构建方法、元数据元素的自动抽取方法以及基于本体的科学数据语义组织方法。本书以植物学基因表达实验为例，介绍从科学数据描述模型构建、抽取到发表的实践全过程。本书对于知识组织的理论和方法在数据时代的丰富与完善具有一定的积极意义，对科学数据的建设、管理和开发具有一定的启发。

本书适合从事信息资源组织的科研人员及图书情报与档案管理的研究生阅读。

图书在版编目（CIP）数据

面向知识服务的科学数据组织研究 / 何琳，常颖聪著. —北京：科学出版社，2020.8

ISBN 978-7-03-064066-6

Ⅰ. ①面… Ⅱ. ①何… ②常… Ⅲ. ①科学研究－数据管理－研究 Ⅳ. ①G202

中国版本图书馆 CIP 数据核字（2020）第 020495 号

责任编辑：魏如萍 / 责任校对：贾娜娜
责任印制：张　伟 / 封面设计：正典设计

科学出版社 出版
北京东黄城根北街 16 号
邮政编码：100717
http：//www.sciencep.com
北京中石油彩色印刷有限责任公司 印刷
科学出版社发行　各地新华书店经销
*
2020 年 8 月第　一　版　开本：720 × 1000　1/16
2021 年 5 月第三次印刷　印张：8 1/4
字数：168 000

定价：76.00 元

（如有印装质量问题，我社负责调换）

前　言

科学数据管理是一个复杂的、涉及多个领域和部门的研究课题，其中科学数据的存储、组织与发布是数据管理的基础。国内外已经开展了大量关于科学数据的存储与发布的实践性工作，但总体来说，科学数据管理仍然处于发展阶段，在数据获取、资源描述与组织等方面都有着广阔的研究与发展空间。过去几十年的时间里，图书情报界对文献数据的组织进行了长期的研究，积累了大量的理论与方法，如何利用已有的文献管理的成果，结合科学数据自身的特点，探索科学数据组织的理论和方法成为本书研究的重点。

为了更好地实现科学数据的有效组织，本书首先通过文献综述、用户访谈、调查问卷及文献计量等多种研究方法调研科学数据共享与利用的现状及问题，分别对当前科学数据出版现状、科学数据的重用现状及科研人员科学数据共享意愿等三个方面进行详细分析。通过对科学数据出版现状的调研发现，科研人员及期刊出版机构更倾向于利用公共数据仓储共享科研过程中的科学数据。元数据、数据的组织技术、版权及数据共享激励成为当前数据出版中面临的主要问题。本书同时对国内 300 余名科研人员进行数据共享意愿的调研，国内科研人员对数据共享仍处于初步认知阶段，表现为强烈的从众心理，虽然十分关注科学数据共享，但并不了解数据共享可能带来的优势与风险。在科学数据重用现状方面，本书调研了 Scopus 数据库 5 年间对 Dryad Digital Repository（简称 Dryad）这一综合数据仓储平台数据的共享与重用现状，统计结果发现近 85%的科研数据重用为自引行为，仅有 15%的科研数据重用为非自引行为，但仍存在一定比例的本机构或本课题组的重用。因此，综合对出版机构、科研人员及共享数据三方面的调研结果，我们发现科学数据的质量及可理解性是影响科研人员重用科学数据的主要因素。在科学数据库的维护中，元数据的构建及科学数据的知识组织技术有利于科学数据的有效管理和重用。因此，科学数据元数据模型的构建及科学数据的组织技术成为本书研究的主要内容。

科学数据具有自身的学科属性特点，不同的学科领域对于科学数据元数据描述的需求也不尽相同。为了更好地研究科学数据元数据描述模型的构建方法，本书与南京农业大学某分子生物学课题组合作，选取植物基因表达实验数据作为研究对象，希望能从实践层面，针对该领域科学数据的特点以及该领域科研人员当前对科学数据的需求，研究科学实验描述元数据模型的构建方法。通过与领域专业人员的访谈，获取该领域人员在该实验中的重要过程及参数候选列表，接着通过德尔菲法确定了元数据模型的各级指标体系。最终构建了基于科学实验数据生命周期的元数据模型，这个模型涵盖了植物学基因表达实验完整的实验过程、实验数据处理、实验数据保存等信息，明确了实验数据格式、访问权限、获取方式等，便于本地实验数据的保存、组织和检索，支持科学实验数据公开获取及科研成果的追溯，减少实验数据共享、获取的信息屏障。

元数据模型的构建实现了科学实验数据从非结构化到结构化的描述，而语义本体（Ontology）能够助力结构化的数据提升为语义化数据的层次。在完成了对科学实验数据建立描述模型的工作后，本书探究了如何有效地实现科学实验数据语义化组织的方法。本体的构建是实现语义化组织的基础和核心工作。对于科学数据本体，已有科学实验本体（Ontology of Scientific Experiments，EXPO）、核心科学元数据模型（Core of Scientific Metadata Model，CSMD）以及核心科学元数据本体（Core of Scientific Metadata Ontology，CSMO）等通用的科学实验描述本体，因此，可以依据这些通用本体，复用相关的类及属性来描述一般实验过程。对于实验中的独有特性，可以根据分子生物学实验数据组织的特点，重新构建一些类别和属性用于描述植物基因表达实验中独有的数据要求，通过复用和新建类与属性的方式最终构建了植物基因表达实验本体（Gene Expression Experiment Ontology，GEEO）。在此基础上，本书设计了基于关联数据的科学数据的资源描述及语义组织模式。在科学数据的语义组织中，利用 GEEO 中不同属性与类别及类别之间的语义关系深入挖掘和揭示科学数据中各类资源对象的语义内涵与关联关系。

本书一方面关注科学实验元数据描述模型的构建、科学数据语义化组织模型的构建等理论研究工作，另一方面也关注科学数据组织与发布的实践应用研究。本书以植物学基因表达实验为例，探索了从数据抽取、组织到发布全过程的实践工作。首先，本书探索了面向文本的植物学基因表达实验元数据属性值的获取方法。在植物基因表达实验中，基因、蛋白质、植物组织、植物生长发育时期及实验条件是最为常见的属性值，也就是我们通常所说的命名实体。本书设计了一个综合的基于规则抽取与机器学习相结合的命名实体抽取流程。其次，以植物基因表达实验数据为例，借助 GEEO，采用关联数据的形式对这些数据进行存储和表示，完成了科学实验数据筛选、获取、标注、关联、集成和发布的流程，实现对科学数据进行异构的、动态的、开放的管理。

本书的研究意义体现在以下两个层面：首先，在理论层面，本书探索了基于语义的科学数据组织的理论和方法，在一定程度上丰富了知识组织和信息检索技术应用于数据科学组织中的理论研究体系，对于科学数据语义关系的发现、知识传承的演化及提升学科知识服务层次具有一定意义。其次，在应用层面，本书中科学数据组织的流程与方法可以应用于其他学科主题的科学数据的组织中，为“小科学”（Small Sciences）[①]的数据组织提供了可行性的实践参考，对促进科学数据的建设、管理和开发，提升科学数据组织的质量，提高科研人员获取科学数据的效率具有一定的应用价值。

本书为国家社会科学基金青年项目“面向知识服务的科学数据组织与应用研究”（13CTQ035）的研究成果。在研究的过程中得到了浙江大学李飞教授的鼎力相助，他在植物基因表达实验背景普及、数据获取与分析等方面给予了大力支持。南京农业大学信息科技学院黄水清教授对于本书的研究问题给予了宝贵的建议。英国伍尔弗汉普顿大学（University of Wolverhampton）的 Mike Thelwall 教授及 Vinita Nahar 博士在科学数据共享与重用调研中给予很多建设性的参考意见。衷心感谢科学出版社魏如萍编辑的帮助与支持，是她的细心和慧眼，帮助我更好地完善了本书。我的硕士研究生常颖聪，现工作于河北师范大学图书馆，她作为主要完成人之一参与了本书第二、四、六、七章的撰写。我的博士研究生李章超在书稿修改过程中，参与了部分文字润色及参考文献修订等工作。最后，感谢在本书的撰写过程中，我的家人和朋友所给予的理解、支持与帮助。

由于作者水平有限，本书难免存在不足之处，敬请广大读者批评指正。

何 琳

2019 年 9 月

① 小科学：相对于生命科学、地理科学及天文学等“大科学”而言，这些学科主题产生的科学数据的数量及研究人群相对偏少。

目　　录

第 1 章　绪论 …… 1
　1.1　本书撰写的背景 …… 1
　1.2　本书撰写的目的与意义 …… 2
　1.3　本书的主要内容 …… 2
　1.4　本书的主要贡献 …… 5
第 2 章　相关理论与技术 …… 6
　2.1　科学数据组织的内涵与意义 …… 6
　2.2　科学数据组织需求 …… 8
　2.3　关联数据概述 …… 11
　2.4　本体及相关技术 …… 15
　2.5　文本挖掘技术与科学数据抽取 …… 20
第 3 章　科研人员数据共享现状研究 …… 23
　3.1　科学数据出版现状调研 …… 23
　3.2　科研人员数据共享意愿研究 …… 30
　3.3　科技论文中科学数据重用研究 …… 39
第 4 章　科学数据描述模型的构建研究 …… 50
　4.1　植物学基因表达实验数据组织现状调研 …… 50
　4.2　植物学基因表达实验数据描述模型构建 …… 52
　4.3　植物学基因表达实验数据描述模型的修正 …… 56
　4.4　植物学基因表达实验数据描述模型的确定 …… 60
第 5 章　科学实验数据的获取与处理 …… 62
　5.1　植物学基因表达实验数据的抽取方法 …… 62
　5.2　植物学基因表达实验数据抽取的预处理方法 …… 64
　5.3　植物学基因表达实验数据中命名实体的抽取技术研究 …… 65
　5.4　植物生长发育时期的抽取 …… 66
　5.5　科学实验环境的抽取 …… 68
　5.6　抽取结果的测评 …… 70
第 6 章　基于关联数据的科学数据组织模式研究 …… 73
　6.1　基于关联数据的科学数据组织模式的设计 …… 73

6.2　植物学基因表达实验本体的设计与构建 ······ 75
6.3　植物学基因表达实验数据语义关联模型的构建 ······ 81
第 7 章　基于关联数据的科学数据组织模式的实现 ······ 85
7.1　植物学基因表达实验关联数据的构建流程 ······ 85
7.2　植物学基因表达实验关联数据的语义映射 ······ 86
7.3　植物学基因表达实验关联数据的实现 ······ 90
7.4　植物学基因表达实验关联数据的检索与访问 ······ 96
7.5　植物学基因表达实验关联数据的测评 ······ 99
第 8 章　结语 ······ 103
参考文献 ······ 105
附录一　科研人员科学数据共享意愿调查问卷 ······ 110
附录二　植物学基因表达实验数据描述元素调查研究（第一轮） ······ 115
附录三　植物学基因表达实验数据描述元素调查研究（第二轮） ······ 118
附录四　基因表达实验数据关联数据组织系统调查测评 ······ 120

第1章　绪　　论

1.1　本书撰写的背景

随着科学研究的不断深入和发展，科学研究的范式已经从计算科学转向数据密集型的科学发现研究。大型、协作管理的数据集对科学和工程研究起着关键作用。科学数据管理是一个复杂的、涉及多个领域和部门的研究课题，其中科学数据的存储、组织与发布是数据管理的基础，也是图书馆参与其中的优势所在。

高校和科研院所不断发展的学科知识库、机构知识库及特色数据库等为科学数据的收集、组织与利用提供了良好的基础。当前，多学科、交叉学科的融合发展及大规模的跨学科科研合作，对科学数据管理引发了更高层次的需求。科研人员需要“以最短的时间、最简捷的途径，获得最全面、准确的能够解决问题的知识信息”。由于科学数据具有格式和组织方式的多样性、数据的语义与关联性、权益保护的复杂性等特点，科学数据的组织需要一种包容的、普适的、支持语义及关联的、非集中式的、低成本的开放访问机制。如何深入挖掘和揭示科学数据中各类资源对象的语义内涵与关联关系，构建大规模知识化的科学数据网络，是面向知识服务的科学数据共享必须解决的问题。

美国、英国等研究型大学的图书馆已经开展了大量关于科学数据的存储与发布的实践性工作，如英国牛津大学、爱丁堡大学，澳大利亚莫纳什大学，以及美国康奈尔大学、霍普金斯大学、密歇根大学、普渡大学、麻省理工学院等众多研究型大学图书馆纷纷开展了各项科学数据组织与存储服务，学科范围涉及社会科学数据、地理数据、天文科学及生命科学数据等众多学科。它们主要围绕科学数据的获取、创建、标引、发布、共享及内容管理等几个方面开展了大量的研究工作，非常重视元数据的处理、检索、提交、共享，并采取语义工具进行智能化的组织和知识发现。在研究中主要采用机构仓储和语义门户的方式实现了对各学科的科学数据的组织。我国科技部启动的“国家科学数据共享工程”及“国家基础条件平台”建设，引发了国内科学数据共享研究的热潮。国内各高校图书馆及情报服务机构也尝试开展针对不同领域的科学数据组织实践工作。

总体来说，科学数据管理处于起步阶段，在数据获取、资源描述和组织等方面都有广阔的研究与发展空间。过去的几十年里，图书馆在机构知识库建设、文献数据服务中开展了大量的工作并取得了积极的成果，因此，图书馆将文献管理过程中积累和发展的众多理论、方法和技术应用于科学数据的管理，必定能提升科学数据服务的质量。在知识组织的理论方面虽然已经有语义网、本体论、关联数据等研究成果，但根据上述理论，系统化地实现科学数据的有效组织，特别是组织模式及相应实证的探讨，以满足科研人员基于科研过程的知识服务需求仍然是非常必要的。

1.2 本书撰写的目的与意义

科学实验是科学研究的一种重要方法，其产生的科学实验数据是科学数据的重要组成部分。科学实验数据主要来源于国际合作项目，如国际空间站、人类基因图谱研究等“大科学”（Big Sciences）研究，主要由政府、国际合作组织等专门的机构负责数据的加工、保存、维护和策管。相对于“大科学”有完整的政策、手段实现科学数据的组织，来源于“小科学”的科学实验数据因缺乏关注及重视，现有实验数据组织混乱、丢失严重，所以很多科学实验无法复现和分析，科研成果的验证、实验方法追溯及实验数据的复用存在很大困难，因此，亟须有效手段实现“小科学”的科学实验数据的保存、组织和维护，保证数据格式的更新可用。

本书针对科学数据的特点及科研人员当前对科学数据的需求，探讨在文献管理中积累和发展的众多理论、方法与技术在科学数据管理中的应用，将多种信息处理技术综合应用于科学数据的深度加工、挖掘和知识关联中。本书的研究意义体现在以下两个层面。

（1）在理论层面，为科学数据的组织与利用提供了理论基础，在一定程度上丰富了知识组织和信息检索技术在数据科学应用中的理论研究。本书探索基于语义的科学数据组织的理论和方法，对科学数据语义关系的发现、知识传承的演化及提升学科知识服务的层次具有一定的意义。

（2）在应用层面，本书所提倡的科学数据组织的流程与方法可以应用于其他学科主题的科学数据的组织中，为“小科学”的数据组织提供可行性实践参考，对促进科学数据的建设、管理和开发，对提升科学数据组织的质量和提高科研人员获取科学数据的效率，具有一定的应用价值。

1.3 本书的主要内容

本书首先对科学数据共享与重用的现状进行调研和分析，进而设计了科学数据元数据描述模型，实现对科学数据的规范性描述，在此基础上综合利用本体技术、关联数据技术及文本挖掘技术，设计并实现一套科学数据组织模式，深入挖掘和有效揭示科学数据中各类资源对象的语义内涵与关联关系，实现科学数据筛选、获取、标注、关联、集成和发布的全过程。在研究中重点研究以下几方面的内容。

1. 科学数据共享与重用的现状调研

本书通过文献综述、用户访谈、调查问卷及文献计量等多种研究方法对科学数据共享现状进行调研，对科学数据共享中的重要环节——科研人员科学数据共享意愿、科学数据的重用及科学数据出版三个方面进行详细分析。

健康完善的科学数据共享体系需要各方面的支持努力，首先是研究人员的态度，这不仅体现在对数据共享的意愿上，也体现在研究人员对科学数据质量的控制上。本书借鉴意向影响模型理论——计划行为理论（Theory of Planned Behavior，TPB）和技术接受模型（Technology Acceptance Model，TAM），建立科学数据共享意愿模型，研究影响科研人员数据共享行为意愿的因素，结果显示目前国内科研人员对数据共享仍处于初步认知阶段，表现为强烈的从众心理，同时科研人员虽然十分关注科学数据，但并不了解数据共享可能带来的优势与风险。

本书采用文献调研及文献计量的方法，对当前科学数据的出版及重用情况进行分析与讨论，总结目前科学数据出版的主要模式，以公共仓储库（Data Repository）的形式进行科学数据出版是最具代表性的模式，也是目前最为完善的数据出版模式。基于此，本书统计了 Scopus 数据库 2010～2015 年收录的论文引用 Dryad 公共数据仓储的情况，结果显示该公共仓储中共享的数据被重用的数量较少且学科分布不均，分析发现科学数据的质量及可理解性是影响科研人员重用科学数据的主要因素。在科学数据库的维护中，元数据的构建及科学数据的知识组织技术，不仅有利于科学数据的有效管理，也可以促进相同学科、不同数据库，甚至不同学科、不同数据库间的互操作，便于不同科学数据库之间进行数据的交换互通，这将真正实现科学数据间的无缝链接。

2. 科学数据描述元数据模型构建研究

在文献调研的基础上对现有的科学实验数据描述方案进行总结比较，通过专家深入访谈对科学数据组织的现状、需求进行调查，调查结果发现当前实验室中实验数据组织方式规范性较差，缺乏统一的存储、组织标准，造成实验数据传承性差，不利于实验数据的交流和理解。

在此基础上，基于“模型初步构建—模型修正—模型确立”三个步骤完成科学数据描述元数据模型的构建。通过领域用户多轮访谈确定科学实验领域的核心概念及术语，完成元数据模型的初步构建；在模型修正阶段引入德尔菲法，补充、修正初步构建的元数据模型中可能存在的概念性漏洞，规范元数据模型，通过专家回访的方式确定是否保留专家意见统一性较差的元数据，以保证元数据模型的科学性；最后完成元数据模型的构建。

该元数据模型以科学实验数据的生命周期为基础，涵盖植物学基因表达实验全过程、实验数据处理及实验数据保存等实验相关的信息，便于本地实验数据的保存、组织和检索，支持科学实验数据公开获取及科研成果的追溯，明确了实验数据格式、访问权限、获取方式等标准，减少了实验数据共享、获取的信息屏障。

3. 科学数据组织模式研究

在对科学实验数据建立描述模型的基础上，针对科学实验数据组织的特点，通过科学实验描述本体的复用和扩展，构建基于关联数据的科学数据的资源描述及语义组织模式，该模式借助科学实验描述元数据，以科学实验描述本体为基础进行语义化描述，深入挖掘和揭示科学数据中各类资源对象的语义内涵与关联关系，采用关联数据的形式对数据进行存储和表示，提供统一的数据访问机制，构建异构的、动态的、开放的科学实验数据知识组织模式。

该模式主要由数据抽取层、数据描述层、数据关联层及数据应用层四部分组成。数据抽取层主要根据科学数据描述元数据，以半自动化的方式从非结构化异构文本中抽取科学数据。数据描述层则以科学实验描述本体为基础，对抽取的科学数据进行语义化描述与标注。数据关联层将存储在关系数据库中的数据通过构建映射文件完成源数据的语义化描述及资源描述结构（Resource Description Framework，RDF）格式转换，建立 RDF 属性之间的关联，将关系数据库映射到 RDF（Database to RDF，D2R）完成关联数据的发布。数据应用层以关联数据为基础提供科学数据的统一浏览、检索及其他知识服务，实现对蕴含在科学数据中的知识单元的深层挖掘、辨识、揭示和集成，为科研人员提供更加精确的、智能的查询结果。

4. 科学数据组织的关键技术研究

本书以关联数据为基础，从资源描述及语义组织两个层面对科学数据的筛选、获取、标注、关联、集成和发布的全过程展开研究。在整个流程的实现过程中，对本文抽取技术、本体构建技术及关联数据的构建与发布技术等重点环节进行较为详细的研究，具体如下。

（1）文本抽取技术：利用自然语言处理、机器学习等文本挖掘技术从无结构或者半结构化的文本中抽取与科学数据描述相关的元数据。本书以条件随机场（Conditional Random Fields，CRF）、支持向量机（Support Vector Machine，SVM）等算法为基础，综合利用命名实体识别、句法分析和词性标注等技术，抽取“植物学基因表达实验”中与植物内参基因、植物组织抽取、成长发育周期和实验环境与条件等有关的信息，从而构建结构化的科学数据集，为科学数据组织提供丰富的数据。

（2）本体构建技术：基于植物学基因表达实验数据元数据模型，构建元数据集间类与类、实体与属性之间的语义关系，同时对已有元数据标准及 FOAF（Friend of a Friend）、都柏林核心元数据倡议（Dublin Core Metadata Initiative，DCMI）、文档分类本体（Bibliographic Ontology，BIBO）、EXPO 等已有相关本体的概念和属性整合、复用，利用开源软件 Protégé 构建植物学基因表达实验本体，实现不同元数据集之间的语义互操作。

（3）关联数据的构建与发布技术：借鉴关联数据技术，利用开源软件 D2R Server 实现基于本体驱动的关联数据组织。通过 UltraEdit 编辑器，编辑、构建 D2R 映射文件，是关系数据库中表向类、列向属性的映射及不同类资源间的语义关系关联、本地资源与 Web 资源数据语义关联的构建。通过人工构建映射文件，完整地描述不同类对不同属性的语义关联。

1.4 本书的主要贡献

（1）探索了语义驱动下的科学数据组织的模式与关键技术。本书综合多种方法探索了科学数据组织的模式与实现的关键技术，重点关注科学数据的语义描述方法、本体驱动的科学数据的组织模式，以及基于关联数据的开放的科学数据组织的关键技术。

（2）构建了一套面向“小科学”的科学数据组织的手段与方法。本书以植物学基因表达实验为例，实现了科学数据的筛选、获取、标注、关联、集成和发布，构建了一整套面向“小科学”的科学数据组织的手段与方法，深入挖掘和有效揭示了科学数据中各类资源对象的语义内涵与关联关系。

第 2 章　相关理论与技术

2.1　科学数据组织的内涵与意义

2.1.1　科学数据组织的内涵

科学领域的数据组织是 e-Science 环境下科学数据公开获取和密集数据科学计算需求的必然产物。2002 年 7 月，微软首席研究员、计算机“图灵奖”获得者 Gray 首次提出“Data Curation”概念，他认为科学数据具有短暂性和临时性等特点，因此急需一个专门的数据馆藏机构，用以长期保存科学数据，保证数据格式的更新可用，这对科学研究意义重大（Gray et al.，2002）。2004 年，英国联合信息系统委员会（Joint Information Systems Committee，JISC）提出科学数据组织涉及数据监护（Curation）、数据存档（Archiving）和数据保存（Preservation）三个活动，并对其进行了明确定义，其中数据监护指确保数据当前使用目的，并能用于未来再发现及重用，从数据产生即刻就对其进行管理和完善的活动，对于动态数据集而言，数据监护意味着需要对其进行持续性补充和更新，使数据符合用户需求；数据存档指对科学数据进行合理的选择、存储，确保科学数据物理、概念层面上的完整性，保证永久的可获取性、安全性和可靠性，这是从内容层面保证数据可用性；数据保存则是在技术层面保证数据的可用性，它涉及对具体数据对象的持续性维护、对数据格式的更新和保存，确保在硬件技术变革后科学数据仍能被获取并理解。最后报告建议在英国建立公共科学数据存储结构库（Lord and Macdonald，2003）。

2011 年 1 月，《全球科学数据基础设施：重大数据挑战》报告提出，为探索利用海量科研数据，满足涉及数据密集型、跨学科活动等研究人员的科研需求，科学数据组织首先应该涵盖科学数据的整个生命周期（采集、维护、分析、可视化、存储和发布）；其次支持数据的跨学科转移；然后通过连接不同学科的数据集，支持创建开放链接的数据空间；最后支持科学数据与文献的互操作。并提出科学数据组织模型和查询语言需要能够更好地满足多个学科的数据表征需求，能描述具体学科（元数据模型），能表征和查询数据的起源信息、上下文信息及数据质量信息，并能表征和管理数据的不确定性；能帮助科学家实现整个科研周期的数据采集、分析和可视化，通过尝试新的技术和模式，建立有利于提升创新性的多学科、跨学科的新方法，提高科学家的研究效率；科学数据基础设施必须降低发布和获取数据的门槛，通过连接不同领域、学科、地区和国家的数据来创建开放的科学数据空间。研究人员能够通过这些链接获取相关的数据集（姜禾，2015）。

针对科学数据重用的需求，科学组织不仅仅面向科学数据集的组织，更需要对不同层级科学数据的信息进行记录、组织；科学数据组织涉及复合信息对象，包含不同内容、时间、格式等属性的信息单元。科学数据单元信息隶属于科学研究活动的某一个具体环节，是对实验、观测等具体活动的客观记录，其管理、组织必须与其他相关的科学数据联系起来，才能完成对整个科学研究活动信息的记录，因此科学数据本身的信息、价值不能满足科研人员对科学数据组织的需求，还包括科学数据在整个科研过程中的“位置”及与其他科研过程产生信息的关系，所谓“位置”就是产生此科学数据的具体科研活动环节，综上所述，科学数据组织具有两大特征：①基于内容的科学数据记录；②科研活动位置信息记录（钱鹏，2013）。

2.1.2　科学数据组织的意义

数据密集型研究面临诸多挑战，包括数据和数据源的日益增加、数据和数据查询的复杂性、数据处理的复杂性、数据与研究人员相互作用的复杂性等。科学数据组织的最终目的是使科学数据得到妥善保存、管理，并支持科学数据的公开获取，能够支持任何人员通过互联网上传、下载、分析、引用、重用等行为。

科学数据的组织意义在于实现科学数据的动态管理，保证科学数据的永久可访问性和持续更新。2003 年，英国联合信息系统委员会在 *e-Science Curation* 报告中提出科学数据保存的作用，具体包括：数据重用有利于发现新的科学研究；有利于保存无法重现的科学数据；用于科研结果的验证等（Lord and Macdonald，2003）。2006 年，美国图书馆协会（Association of Research Libraries，ARL）提出科学数据管理的重要性在于实现对科学数据的保存、组织、展示和重用（Friedlander and Adler，2006）。《全球科学数据基础设施：重大数据挑战》报告提出未来所有的科学文献和数据都可通过网络在线获取，创建一个数据和文献可彼此互操作的世界成为可能，即在阅读某研究人员的文章时就可访问支撑该文章的原始数据，或在查看原始数据时即可发现所有与这些数据相关的文献，这将加快科学的传播速度，提高科研人员的科学生产力（姜禾，2015）。

近年来，随着对科学数据保存、共享和重用的重视及大数据时代对科学研究的重大影响，科学数据管理逐渐成为图书馆界研究和推广的重要工作之一。科学数据组织是知识组织与管理的过程，但其复杂程度远非某一领域科研人员或某一单独科研项目所能解决的，因此需要有更加广泛专业知识的机构支持。图书馆作为高校信息仓储、信息发布中心，在电子资源的组织方面有足够的经验和条件支持。高校图书馆参与科学数据组织，真正的挑战在于设计科学数字捕获、解释、使用、重用和管理的策略。

2.2 科学数据组织需求

科学数据组织的最终服务对象是有数据需求的科研人员，因此科研人员对数据组织的需求显得尤为重要。

2.2.1 国外科研人员科学数据组织需求

2007 年，Lauriault 等（2007）在文章中强调了保存科学数据在帮助识别科研趋势及在模型仿真输入方面的长远意义，他们表示在数据管理过程中，档案管理员具有重要作用且需要具有学科背景，且需保存数据的选择标准是科学研究交流的需求，而不是普通的档案保存。Murray-Rust 在 2008 年提出将开源软件的思想应用到科学数据重用方面（Murray-Rust，2008）。2010 年提出“潘顿原则——开放科学数据原则”（Murray-Rust et al.，2015），提倡支持开放科学数据，允许任何用户以任何目的免费通过互联网对数据进行下载、复制、分析和重新处理利用，不受资金、法律或其他技术壁垒的制约。潘顿原则及 Lauriault 等科学家的直接态度，反映出科研人员作为数据生产者、使用者对数据保存、公开，以及格式化地下载、分析等的需求。Martinez-Uribe（2008）在对来自爱丁堡和牛津大学的 40 位研究人员在科学数据管理需求调查中发现：第一，因为没有在数据产生的第一时间记录数据产生条件的信息，科研人员在几年后无法理解数据本身的含义；第二，一些科学学科研究小组需要安全存储由电子显微镜或计算网格系统模拟运行计算生成的大量数据；第三，在临床医学研究中心，研究人员花费大量的时间重复编制数据和迁移数据格式，以避免格式过时造成数据失效；第四，一些科研人员表示希望能够在网上公开与自己科研论文相关的数据并持续性更新，但由于缺乏公共的仓储机构、设施，只能在自己的博客等网站上公开（Martinez-Uribe，2008）。Tenopir 等（2011）对 1329 名科研人员进行调查发现，有 43%的科研人员表示他们的组织或项目已经建立了正式的基于生命周期的科学数据管理过程，有 67.2%的科研人员认为缺少能够获取其他科研人员数据的平台、方式已经阻碍了科学的发展进程，有 50.1%的科研人员表示希望能够有统一获取科学数据的方式用以支持自己的科学研究，且分别有 23.5%和 19.8%的科研人员表示缺乏存储数据的平台和标准致使他们没有公开科学数据。Parham 等（2012）在对佐治亚理工大学教师数据管理需求评估研究中发现，受访者中产生的科学数据有 67%为 DOC、RTF、TXT 等文本格式，55%为 WKS、XLS 等电子表格格式，约 40%的受访者表示他们的数据包括扫描文档（如PDF文件）和数据文件（CSV、DAT文件），或图像文件（BMP、JPG等）。有37%的受访者表示对数据的存储和组织有需要，且对数据存储设备、可视化与分析工具和元数据等内容感兴趣，其中有25%的受访者因为未来的数据使用需求，在项目中会写科学数据管理计划。

Ward等（2011）在对剑桥大学的科研人员科学数据管理认知调查中发现，很多科研人员认为"数据备份"等同于"数据长期保存"，且对什么格式的数据需要保存，以及仓储数据或文档需要元数据的内容格式存在疑问。有学者对加州州立理工大学数学教师的数据策管行为与态度进行调研，调查结果显示89%的教师相信自己的科学数据在未来有一定的重用价值，其中93%的教师选择自己保存数据，40%的教师选择由本科生或研究生保存；对于数据的长期保存，95.1%的教师认为应该有备份并且应自主负责，且有94%的教师选择在办公室计算机中存储基本备份，有30%～35%的教师选择在实验室计算机、家用计算机、USB（Universal Serial Bus）闪存驱动器或外部硬盘中备份；对于数据格式更新问题，89%的教师认为将过时的数据格式进行更新是非常重要的。基于这项研究的结果，作者认为科研人员虽然有数据管理意识，但缺乏数据组织的背景知识，需要更多元数据创建、数据保存和共享等方面的指导（Scaramozzino et al.，2012）。Akmon等（2011）通过专家访谈的方式对来自一个大学实验室的材料科学家进行调查，调查结果显示对数据管理需求最强烈的为实验室主管，但是所有的科学家都在使用其他人员的实验数据甚至自己的数据时存在困难。因为即使他们具备使用数据共享机器、系统的知识，却因为没有科学数据产生的背景信息而无法使用这些科学数据。实验室主管表示因为缺乏统一的数据管理培训、指导，同一实验室内的科学家保存的科学数据在格式、背景信息等方面存在很大差异，所以需要一个统一的格式、系统存储数据。实验室其他科学家希望有更好的组织、管理方法，因为非常担心数据未进行有效组织而造成科学数据流失，他们相信通过更好的数据组织实践能够使得科研工作更加容易和方便。

2011年，Borgman对1700名科研人员进行调查，44%的科研人员表示在科研过程中有对已公开科学数据的使用需求，且有44.4%的科研人员选择从数据机构库中获取数据；因为科学数据使用需求，76.4%的科研人员有向专业同行索要数据的经历；对于数据的保存，选择在实验室、学校服务器、社区机构库保存的科研人员分别占50.2%、38.5%、7.6%，只有0.5%的科研人员表示没有对数据进行保存。有57%的科研人员愿意将科学数据存储到学校的机构库，并支持公开获取（Borgman，2013）。Parse Insight项目对来自全球跨学科的1270名科研人员就科学数据处理模式进行了调查，调查结果显示81%的科学数据保存在科研人员自己的计算机上，并通过非正式渠道进行分享（Kuipers et al.，2010）。

2.2.2 国内科研人员科学数据组织需求

胡永生和刘颖（2013）针对高校科学数据的特点、科研人员对科学数据认知、科学数据管理行为及期望四个方面对武汉大学、华中科技大学等 11 所研究型大学通过问卷调查的方式进行研究，调查结果显示，有 93.8%的科研人员表示科学数据除发表科研论文的作用之外，还有数据共享、科学普及等意义，其中曾有偿、无偿向他人提供科学数据经历的分别占 12.4%和 47.7%，8.8%的科研人员表示曾因科研需要向他人索要科学数据但遭到拒绝。在当下数据保存行为上，902 名科研人员的保存路径主要集中在个人计算机、机构计算机和纸质笔记本中，分别为 592 人、264 人、272 人（有研究人员使用两种及以上保存路径），且主要由项目负责人，参与课题的教师、研究生保存，其中 48.4%的科研人员支持科学数据的永久保存，但有 65.1%的科研人员表示经常发生数据丢失现象。调查还发现科研人员对图书馆开发管理平台提供数据存储、发布和使用等功能最感兴趣，另外，还包括数据管理咨询服务、开发能存放本人研究数据的数据存储库及帮助管理数据产品。其中对数据浏览、检索和下载功能的需求最为突出。其他需求较大的功能包括对数据背景信息的长期保存、实现数据的分级管理和访问控制、实现数据和研究成果的关联等。

徐坤和曹锦丹（2014）通过专家访谈的方式对吉林高校科研人员的科学数据管理现状进行调研。调研结果显示，科研人员获取科学数据的方式比较零散和不规范，且对实验室实验、网络采集、同行提供、社会调查等活动所产生的数据有较高的管理需求，其中实验数据是主要部分，网络采集数据主要来自其他科研人员的研究论文，同行提供则为熟悉的朋友、同事所提供的材料及数据，需要进行管理的数据为 1～5GB，数据格式主要为文字、图片、表格等；在数据组织行为上，数据组织格式主要由科研人员个人或者科研团队制定，主要通过纸质文档和个人计算机保存，由于数据组织标准不统一，不同团队之间共享共用数据存在一定障碍；数据安全性和可重用性较低，很多科研人员有丢失数据或查找困难的经历。科研人员希望有专业人员帮助他们进行科研数据管理，把他们从烦琐的数据管理中解脱出来。

2011～2012 年，在中国高等教育文献保障系统（China Academic Library & Information System，CALIS）项目建设中，武汉大学图书馆以社会学系作为调研对象，对中国高校科学数据管理与服务机制和平台进行了探索及研究，研究发现社会学系科学研究数据产生频率较高，数据管理需求相对迫切，数据来源主要包括问卷调查数据、田野调查数据、网络调查数据等，科研人员对数据组织的需求主要为对项目、课题、文献等数据集的特征描述和标引、元数据和标引的数据集的存储、研究成果的发布、对数据元数据和数据集的分级管理与访问权限控制、基于网络的 24*7 式浏览、检索和数据下载等服务（项英等，2013）。

2.2.3 科研人员数据组织需求总结

对国内外科研人员科学数据组织需求的调查结果进行总结可以发现，目前科研界数据组织手段、方式比较混乱，且组织效果差，表现为：①绝大多数科研人员将科学数据储存在自己或者实验室计算机上，没有数据永久保存意识；②因数据保存时未保存数据产生的背景信息，所以后期数据无法被理解现象普遍；③因没有及时更新数据读取格式，数据无法被正确理解；④因元数据格式不统一，不同实验室间数据交流存在极大障碍。另外，调查结果显示出科研人员对规范科学数据组织的强烈需求，希望有一个能够组织、存储、下载、共享科学数据的平台，并且认为通过有效的组织、仓储、策管科学数据，有利于未来的科研活动。

科研人员对科学数据组织的需求是科学数据组织的重要前提，以满足科研人员知识需求为目的对科学数据进行精细化、深度结构化和语义关联化的组织，有利于科学数据的知识抽取和传播。

2.3 关联数据概述

2.3.1 关联数据的概念及原则

互联网技术的日益发展，海量异类、异构、分散分布的信息资源和数据迅速积累，因此如何挖掘信息内容间的知识单元、语义关系及集成关联，支持基于Web的知识发现、知识链接和知识组织成为互联网信息服务亟待解决的问题，也是互联网信息革命需要跨越的核心门槛。其中异类信息指不同内容类型的信息或数据，如音乐、论文、博客等；异构信息则表示不同格式的信息资源或数据（沈志宏和张晓林，2010）。

2006年，万维网之父Tim Berners-Lee提出关联数据（Linked Data）的概念，指出关联数据并不仅仅是将数据、信息放在互联网上，而是为其创立关联，从而人或者机器可以通过Web搜索到数据，同时可以发现、链接与其相关、相似的其他信息资源。关联数据技术试图采用一种轻巧、可利用分布式数据集及其内容格式、基于标准的信息、知识表示与检索协议、并支持可逐步扩展的机制来实现动态关联的知识单元网络，并实现知识组织和知识发现[①]。2007年，Chris Bizer和Richard Cyganiak向万维网联盟语义网教育和拓展兴趣组织（World Wide Web

① Linked Data. [EB/OL].[2015-7-23]. http://www.w3.org/DesignIssues/LinkedData.html.

Consortium Semantic Web Education and Outreach，W3C SWEO）提交了关联开放数据（Linking Open Data，LOD）项目的申请，由此关联数据受到学术界的广泛关注，全球关联开放数据集已经由 2007 年的 12 个发展到 2019 年的 1239 个①。

关联数据采用 RDF 三元组数据模型，利用统一资源标识符（Uniform Resource Identifier，URI）标识信息、数据资源实体，通过 Web 实现 RDF 格式数据发布，最终实现通过超文本传输协议（HyperText Transfer Protocol，HTTP）发现、获取、共享这些异源、异构的信息和数据资源。关联数据的核心是强调数据资源间的关联关系并转化为计算机可读取且理解的格式信息。严格意义上说，关联数据就是通过 Web 发布计算机可读取且具有明确含义信息的数据资源，并支持链接其他外部资源，实现不同资源的互操作。

2.3.2 关联数据技术层次模型结构

关联数据能够成为语义网环境下实现数据集成与共享的有效途径，关键在于其立足海量数据背后所隐藏的客观实体与抽象概念间丰富的关联关系，从而能够通过开放的 Web 发布方式实现异源、异构数据的公开获取和重用，并基于语义链接机制构建数据资源语义层面的关联网络，最终实现全球范围内的数据共享（游毅和成全，2012）。

关联数据技术基于 HTTP、RDF、URI 等成熟技术开发出关联数据构建、发布、搜索、存储等诸多工具，基于关联数据构建过程可以将关联数据技术总结为三个层次，如图 2-1 所示，首先，在关联数据构建层，通过 RDF、URI 技术标识信息，并构建语义关联；其次，通过 D2R、Virtuoso 等关联数据发布工具，基于 SPARQL（Simple Protocol and RDF Query Language）进行关联数据发布；最后，实现关联数据的 Web 服务，包括数据搜索、关联数据浏览和领域内服务。其中，SPARQL 是专门为 RDF 开发的数据获取协议和查询语言，实现 Web 与语义网的技术联合②。

2.3.3 关联数据构建及发布方法

D2R 是一个非常流行且便利的构建关联数据的工具，其作用是将关系数据库转化为关联数据，D2R Server（服务器）是一个 HTTP Server，主要提供对 RDF 数据的查询访问接口，以供上层的 RDF 浏览器、SPARQL 查询客户端及传统的超文本标记语言（HyperText Markup Language，HTML）浏览器调用。D2RQ（SPARQL

① The Linking Open Data cloud diagram[EB/OL].[2019-7-9].http://lod-cloud.net.

② SPARQL Query Language for RDF[EB/OL]. [2015-7-24]. http://www.w3.org/TR/2007/PR-rdf-sparql-query-20071112/.

query language from relational database to RDF mapping）Engine（引擎）的主要功能是使用一个可定制的 D2RQ Mapping（映射）文件将关系型数据库中的数据换成 RDF 格式。D2RQ Engine 并没有将关系型数据库发布成真实的 RDF 数据，而是使用 D2RQ Mapping 文件将其映射成虚拟的 RDF 格式。该文件的作用是在访问关系型数据时将 RDF 数据的查询语言 SPARQL 转换为关系数据库（Relational Database，RDB）数据的结构化查询语言（Structured Query Language，SQL），并将 SQL 查询结果转换为 RDF 三元组或者 SPARQL 查询结果。D2RQ Engine 建立在 Jena（Jena 是一个创建语义网应用的 Java 平台，它提供了基于 RDF、SPARQL 等的编程环境）的接口之上。D2R Server 框架见图 2-2①。

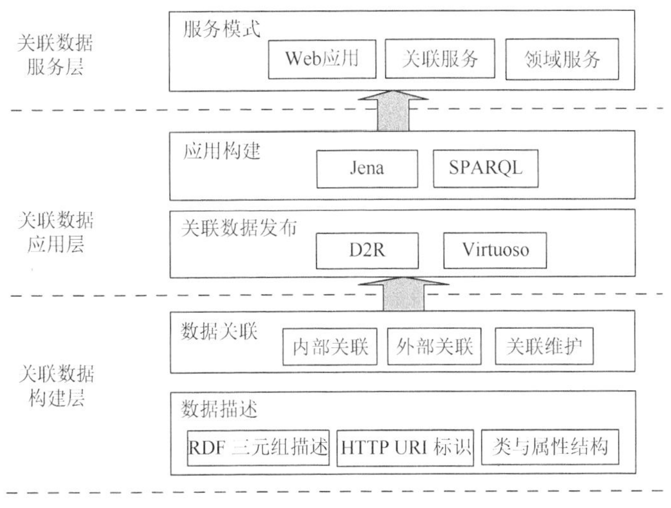

图 2-1　关联数据技术层次结构

D2R 主要使用 D2RQ Mapping 语言（映射语言），其主要功能是定义将关系数据转换成RDF格式的映射规则，主要包含 d2rq: ClassMap 和 d2rq: PropertyBridge 两个核心概念，其中，d2rq: ClassMap 代表已构建本体中的类 Class，与关系数据库中的表对应，包括以下几种核心语言②。

（1）d2rq: class 表示映射文件中类映射对应的类，其取值来自已构建的本体。

（2）d2rq: UriPattern 为 URI 生成规则，其为数据资源分配的 URI 为真实 URI。

（3）d2rq: PropertyBridge 是对本体中类的属性进行映射，对应的一般为关系数据库中的列，包括 d2rq: belongsToClassMap、d2rq: property、d2rq: column、d2rq: refersToClassMapde 等重要属性。

---

① D2RQ[EB/OL].[2015-7-27]. http://d2rq.org/.

② D2RQ-Language[EB/OL].[2015-7-28].http://d2rq.org/d2rq-language.

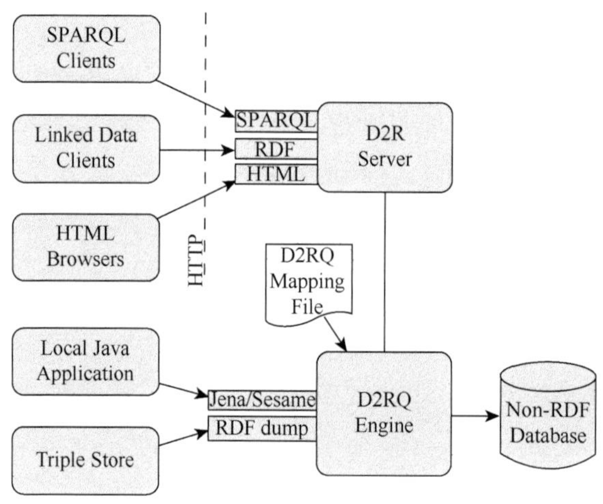

图 2-2 D2R Server 框架

D2RQ 的映射语言 D2RQ Mapping 是基于扩展的资源描述框架（RDF Schema，RDFS）和网络本体语言（Web Ontology Language，OWL）进行描述的，自身生成的映射相当简单，无法覆盖我们所关联的全部词表，以及部分约束关系也无法直接映射生成。因此，必须通过人工干预，构建符合机构知识库语义扩展的映射模式。

D2R 需要 Java 运行环境，因此在使用 D2R 前需要对其运行环境及安装进行部署，配置好 Java 环境，D2R 官网提供最新版本 D2R-0.8.1 下载。D2R 本身默认 MySQL、Oracle、PostgreSQL 等数据库并已经携带这些数据库的匹配驱动，若使用非默认数据库需要自行下载其匹配驱动，并将其 jar 文件放在 D2R Server 的 lib 目录下。D2R Server 需要.ttl 格式的 Mapping 名在命令行中启动。

2.3.4 关联数据在科学数据组织中的应用

传统 Web 环境下各类科学研究方法、科研结果、机构知识库、科研机构等科研数据分散存储且缺乏有效的语义描述，科学数据共享存在较大的语义、结果障碍。关联数据技术的核心思想是挖掘科学数据间实体、概念等独立的知识单元，以关联数据技术组织科学数据，能够促进科学数据在全球范围内的共享。目前，越来越多的科研机构、高校开始注重科学数据关联数据网络的构建，牛津大学信息基础设施建设研究（Building the Research Information Infrastructure，BRII）项目通过关联数据技术对科学研究过程不同时期的科学数据片段进行组织，提高了科学数据的可获取性及准确性；哈佛大学基于关联数据思想依托科学研究关系网络开发了科研搜索引擎 Harvard Catalyst，对科研人员、出版物、科研机构及科研设施等信息进行了汇总、组织，将研究人员的搜索结果嵌入一种语境环境中，最大限度地对其相关信息进行关联，具有强大的数据挖掘、信息揭示及可视化能力。该系统基于关系数据库，以元数据描述及医学主题词表（Medical Subject Headings，MeSH）对医学领域的主题关系进行知识关联，且提供嵌入科研过程的信息服务，以及扩展性的资源链接（黄金霞，2011）。CrossRef 是一个基于数字对象标识符（Digital Object Identifier，DOI）实现文献引文跨出版社服务平台链接的参考链接服务系统。CrossRef 将上百万的科学出版物数据发布为关联数据，并与其科研环境信息背景知识进行了关联。印第安纳大学开发的 Chem2Bio2RDF 系统对化学、生物、医药领域的数据集进行了集成，发布了面向生物化学领域的关联数据，支持知识发现和数据挖掘。Chen 等基于 Chem2Bio2RDF 系统以阿尔茨海默病为研究对象，从实例层探索“化学制品—疾病”间的关联关系，最终发现 81 077 种不同的化学制品与阿尔茨海默病有关系，其中 410 个实例是通过特定基因建立桥接的。生命科学关联数据（Linked Life Data）项目集成 25 种生物医学数据资源，包含 40 多亿组 RDF 三元组，知识内容涵盖基因、蛋白质、通路、靶标、疾病、药物、患者等数据信息，支持在集成的数据集上进行知识推理，避免数据冗余，发现并推荐新的链接关系或在已知数据集上推导出潜在的知识（洪娜等，2012）。

2.4　本体及相关技术

2.4.1　本体

1. 本体的概念

本体最早来源于哲学领域的概念，表示对世界上客观存在事物的系统性描述。计算机领域专家将本体概念引入各个学科，描述或表达某一领域知识的系统性的概念、术语，构建了用于组织学科知识，描述特定领域知识的领域本体。本体主要包含以下四个层面的含义：①概念模型，本体是对客观世界中一些概念进行描述得到的模型；②明确性，本体中的概念及其约束都有明确的定义；③形式化，本体语言是计算机可读的形式化语言；④可共享性，本体描述的是被共同认可的知识，能够反映学科领域内公认的概念集。本体的构建目标就是捕获领域知识，确认其共同理解，挖掘能够描述公认知识且共同认可的领域词汇，分层次的形式化定义这些领域词汇（术语）及其之间的相互关系（Gruber，1993；Studer，1998）。将本体理念引入科学数据组织有助于实现科学数据的结构化整合、语义检索和公开获取。

2. 本体构建方法

（1）DEF-5 法（Integrated Definition for Ontology Description Capture Method，

IDEF-5）。该方法为KBSI（Knowledge Based Systems，Inc.）公司于20世纪70年代提出的，是通过图表语言和细化说明语言来获取客观世界存在的实体概念、属性及其关系，并进行形式化，作为知识本体的主体框架，该方法具有直观、易理解等特点。

（2）骨架法。该方法建立在企业本体方法之上，相关企业术语的集合包括确定范围、构建本体、本体评价、本体文档化四个步骤，其中构建本体包括识别和搜集领域内实体、概念并形式化总结等过程。骨架法清晰描述了本体开发、构建的基本流程，对本体开发实践具有重要的指导意义。

（3）TOVE法。该方法源于Gruninger和Fox在1995年开发的多伦多虚拟企业（Toronto Virtual Enterprise，TOVE）工程本体，是一个用于商业和公共企业综合建模的本体，该方法基于本体评价，但是缺乏循环迭代、文档化等过程。

（4）Methontology法。该方法马德里大学在开发人工智能图书馆过程中总结的方法，其构建方法包括规格说明书、知识获取、概念化、集成、实现、评价、文档化等步骤，在集成阶段注重对其他本体的重用，支持在知识层面上构建本体。

（5）循环获取法。该方法为一个环形结构方法，其核心是从文本中获取领域本体知识概念，其基本流程包括选择数据源、概念学习、领域聚焦、关系学习、评价，该环形过程强调了本体构建过程中循环迭代的重要性，可以实现反复评价修正。

（6）Sensus法。该方法是用于自然语言处理的本体构建方法。在Sensus上可以构造面向特定领域的知识本体，即可以从同一原始本体中获得多个专业领域的专业本体，可以促进知识共享。

（7）七步法。该方法由斯坦福大学医学院开发，主要用于领域本体构建。该方法是一种较为实用的本体开发方法，七步分别为确定本体的专业领域和范畴、考查可复用本体、确定领域术语、定义领域类与类的体系结构、定义类的属性、定义属性值、创建实例。七步法是一个非常实用的本体构建方法。

2.4.2　元数据

元数据被定义为"关于数据的数据"，作为描述信息特征、属性的结构化数据，元数据具有定位、发现、证明、评估、选择等功能和特征（刘嘉，2002）。为了规范信息资源存储，元数据广泛应用于各学科、专业领域。用于描述科学数据的元数据被称为科学数据元数据，简称科学元数据（赵华和王健，2015）。科学数据描述是一个新的元数据建模领域，对于科学数据而言，元数据是实现科学数据发现、复用、引用、质量控制等功能的关键技术，能够满足对科学数据内容、形式、特征等的详细描述，方便科学数据的复用及共享。

Qin等（2012）在科学数据系列研究中指出，元数据对科学数据主要有四方面的功能：①数据管理，元数据提供数据管理模型，有助于科学数据的安全、长期保存；②质量控制，元数据有助于科学数据的验证、复现，原始数据追踪，从而达到质量控制效果；③数据发现，基于元数据的科学数据组织有助于其发现、选择和获取；④数据使用，统一的元数据有助于不同系统的互操作，加强科学数据的使用率。Greenberg 等（2009）总结了科学元数据层级功能，见图 2-3，底部功能为元数据最基本的功能，即科学数据保存功能，顶部功能则综合了科学数据的保存、发现、共享三种功能，并提出元数据应基于可扩展标记语言（Extensible Markup Language，XML）框架构建、表现，从而实现不同系统间的科学数据互操作。Witt 等（2009）提出科学元数据应该涵盖科学数据类型、产生流程、数据实例、组织需求等信息，并认为完善的元数据描述模型有助于实现不同程序环境下的科学数据识别、理解，进而实现数据共享。

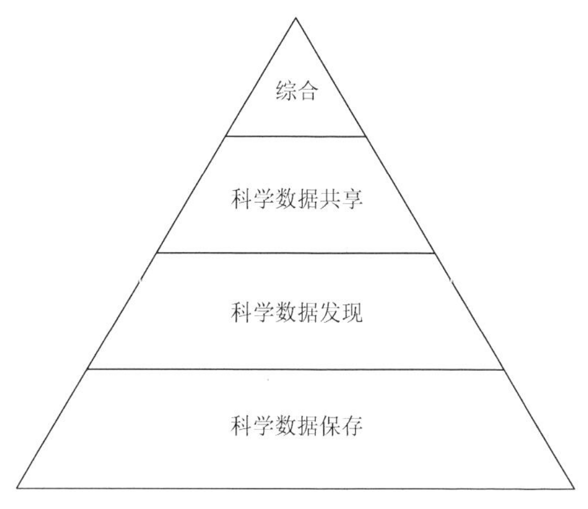

图 2-3　科学元数据层级功能图

2.4.3　RDF 与 RDFS

1. RDF

RDF 是 1999 年 2 月由 W3C 提出的一个建议，RDF 制定的目的主要是为在不同 Web 应用程序和系统间提供一个元数据基础结构，促进网络信息的自动化处理。RDF 对描述网络信息资源及不同信息资源之间语义关系的模型、语法进行了明确的规定，其描述资源思想为利用 URI 标识资源（Resource），利用属性（Property）、属性值（Value）描述资源，其中 Resource 为 Web 上任意可以被标识的资源、信息。RDF 可以描述任何简单、复杂的关系，属性、属性值都可以用 URI 标识，同样是资源，因此 RDF 可以通过 URI 链接到万维网上的任何信息，描述、链接 Web 上的一切资源。

RDF 数据模型有资源、属性、陈述三个对象。

（1）资源。在万维网概念中，资源可以是抽象的概念，如 Web 请求、用户需求、响应速度等，也可以是具体的信息，如图片、文件等。为每个资源都分配一个具体且唯一的 URI 地址是 RDF 数据模型最基本的思想，URL（Uniform Resource Locators，统一资源定位器）、URN（Uniform Resource Names，统一资源名称）都是 URI 的子集（程变爱，2000）。

（2）属性。它用来描述资源的概念、特征或关系，每一个属性都有其特定的含义，用来定义它的属性值和它所描述的资源及其他属性的关系。属性也属于资源，仍然用 URI 标识。

（3）陈述。它是由“资源-属性-属性值”构成的三元组，也可以称为“主体（Subject）-谓语（Predicate）-客体（Object）”一阶谓语逻辑模型，主要描述资源的属性。三元组的资源、属性都有唯一的 URI 标识，属性值，即客体有两种类型：①对象类型，即属性值本身也是一个资源，其自身又具有属性，因此也用 URI 标识；②数据类型，即属性值为字符串表示的文本或简单的字母量值。属性表明了资源与属性值之间的语义关系。图 2-4 表示一个 RDF 三元组，1985 表示光盘 Empire Burlesque 的发行年份（Year）。

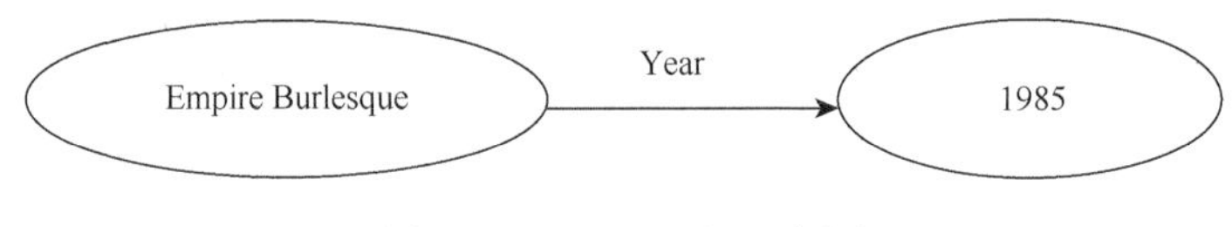

图 2-4　RDF 三元组示意图

基于 URI 标识资源、属性值，通过属性表达它们之间的语义关系是 RDF 的核心思想。当同一资源拥有多个属性时，可以通过多个三元组陈述表达，反映到 RDF 三元组示意图中则为节点与弧构成的图，其中节点表示主体或客体，弧代表属性。图 2-5 为利用 RDF 三元组示意图表示一张 CD 的不同信息的陈述。

图 2-5 对资源多个陈述的具体表现如下。

（1）资源：EmpireBurlesque（CD），其 URI 为 http://www.recshop.fake/cd/Empire Burlesque。

（2）属性：如 Country，表示 CD Empire Burlesque 的发行国家，该属性的 URI 为 http://www.recshop.fake/cd/EmpireBurlesque/Country。

（3）属性值，如 USA 为属性 Country 的值。

RDF/XML 是计算机可理解、处理的语言，因此基于 URI 的 RDF 可以与 Web 上任意信息链接。基于 XML、RDF 可以表示复杂的 RDF 数据模型，RDF 三元组可以转换为 RDF/XML 语法表示，下列代码表示图 2-5 对应的 RDF/XML 语法。

```
<?xml version="1.0"?>
<rdf:RDF
      xmlns:rdf="https://www.w3.org/1999/02/22-rdf-syntax-ns#"
      xmlns:cd="http://www.recshop.fake/cd#">

<rdf:Desription
  rdf:about="http://www.recshop.fake/cd/EmpireBurlesque">
<cd:artist>Bob Dylan</cd:artist>
<cd:country>USA</cd:country>
<cd:company>Columbia</cd:company>
<cd:year>1985</cd:year>
</rdf:Desription>

</rdf:RDF>
```

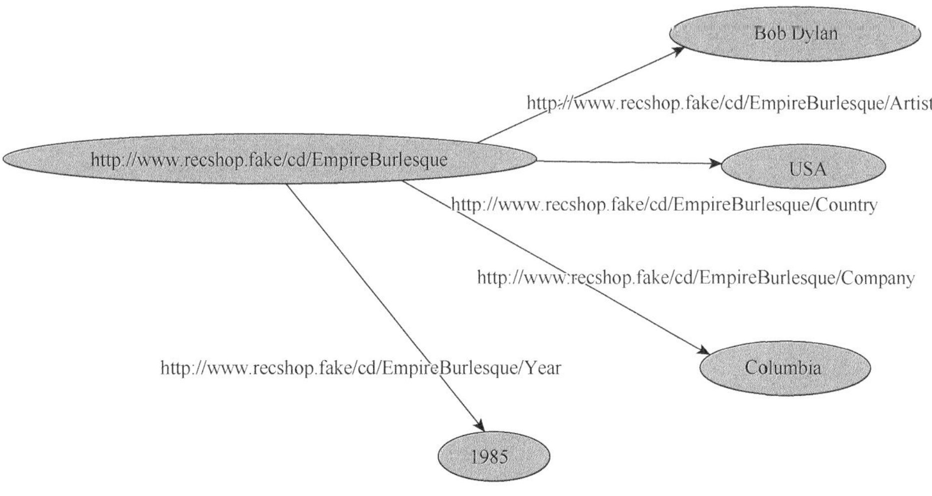

图 2-5　RDF 三元组表示多个陈述

2. RDFS

RDF 提出了针对数据的模型和语法，可被计算机阅读并理解，但是其描述的资源、属性、属性值等只是一种与领域无关的元数据描述机制，缺乏类的思想、机制描述资源、属性、语义关系，即 RDF 并不能全面地描述领域内如同义词、一词多义等相关语义关系，因此提出了 RDFS，全称 RDF Scheme，可以理解为大纲或规范，其作用有以下三方面：①定义资源的属性类、语法、属性值的类型；②定义资源及其属性所涉及的资源类；③申明由一些机构定义的元数据标准的属性类（姜恩波，2001）。RDFS 是 RDF 的扩展，在 RDF 基础上增加了更多的语义原语，如核心类——rdf: class、rdf: resource、rdf: property；核心属性——rdf: type、rdfs: subclassof、rdfs: subpropertyof；核心约束——rdfs: constraintResource、rdfs: constrainiproperty、rdfs: domain、rdfs: range。RDFS 描述规范中，rdf: class 中的 class 类与 Java 面向对象的思想相似，表示客观事物的一类，其中具体的事物称为“实例”，如树与杨树的关系；rdf: type 表示类与实例间的关系；rdfs: subclassof、rdfs: subpropertyof 则对类的层次机构、属性的层级结构进行了定义。RDFS 可以面向人阅读的描述，也可以面向机器可处理的表示法，面向机器处理即应用程序通过 RDFS 语言确定每一个属性的含义并进行自动化处理。RDF 与 RDFS 的根本区别在于 RDF 用于描述单个资源，没有领域概念；RDFS 面向领域，引入类及类的上下级层次结构、继承等概念，完成对资源集合的描述、组织。

2.5　文本挖掘技术与科学数据抽取

文献作为科技成果展示形式具有很高的参考价值和使用价值，大量文献中积累了关于科学数据的记载并且得到了同行专家的认可，特别是有关科学实验数据的记载，可以使得该实验在类似研究实验中被重复利用。因此从文献中挖掘特定科学实验信息，如物种、材料及特定实验环境等可以为科学实验的复现提供较为可靠的参考，对于提高科学实验结果的可靠性、准确性及降低研究成本均具有重要的意义。

从科学文献中进行科学数据的抽取主要依赖于文本挖掘技术，文本挖掘技术在生物医学领域已经得到了广泛的应用（Zweigenbaum and Demner-Fushman，2009）。大量的生物信息学知识以非结构化方式存在于文献数据库中，截止到 2015 年，PubMed 中收录的生物医学类文献已经达到了 2600 万条，因此，借助生物信息文本挖掘技术，从这些爆炸式增长的科学文献中抽取科学实验信息等科学数据，可以为科研人员提供更高层次的知识服务，对科学实验的复现、减少实验成本等具有重要的意义。具体来说，生物信息挖掘主要用到以下文本挖掘技术。

1. 命名实体识别

蛋白质、基因、脱氧核糖核苷酸、核糖核苷酸、细胞类型、细胞系等命名实体的识别，是生物信息学文本处理的基础。已有较为著名的 ABNER（Chen et al.，2005）、BANNER（Leaman and Gonzalez，2008）、PASTA（Gaizauskas et al.，2003）、

GNAT（Hakenberg et al., 2011）和 GeneTUKit（Huang et al., 2011）等工具在生命科学领域实体识别中取得了不错的效果。

2. 实体关系抽取

生物信息学领域文本挖掘的一个重要应用，即抽取基因、蛋白质、药物、疾病、治疗之间的关系，特别是基因与蛋白质相互作用、蛋白质与蛋白质相互作用及其他分子实体之间的关系，得到了研究人员的广泛关注，典型的研究有 PubGene（Jenssen et al., 2001）、iHOP（Hoffmann and Valencia, 2005）、Chilibot（Chen and Sharp, 2004）、CoPub（Frijters et al., 2008）、FACTA+（Tsuruoka et al., 2011）等。基于同现关系获取实体间的相互作用关系是最简单、常见的抽取方法，该方法能够获得较高的召回率，但准确率相对较低。基于规则的方法则能够获取较高的准确率，但召回率偏低，通常由领域专家建立抽取规则（Saric et al., 2006），或利用机器学习的方法自动学习抽取规则（Hakenberg et al., 2011）。基于统计学习则是应用最普遍的抽取方法，通过对人工标注的训练语料统计词法（Lexical）、句法（Syntactic）以及语义（Semantic）等上下文信息（Context Feature），利用 SVM（Bundschus et al., 2008）、CRF（Abacha and Zweigenbaum, 2011）、最大熵（Maximum Entropy）（Pakhomov et al., 2002）等机器学习方法进行关系识别研究。基于自然语言处理技术的实体关系抽取则更多考虑句子的句法结构，分析句子的依存句法关系树，把实体关系抽取视为“主语-谓语-宾语”三元组的抽取模式。首先识别出触发动词，继而通过句法结构判定或者模式匹配的方法将触发动词左右的 predicate-argument structures 抽取出来。

3. 事件抽取

生物事件抽取（Kim et al., 2008）则是近年来在关系抽取的基础上发展起来的更加复杂的抽取研究，侧重识别基因、蛋白质、酶等在生物过程中承担的角色。事件抽取包括事件类型发现（如 Gene_expression、Phosphorylation、Binding 等）、触发动词识别（enhance、increace、downregulate、repress 等）及事件元素（基因、蛋白质、药物、疾病、酶等）的识别。生物事件抽取在生物通路（Kelder et al., 2009; Elliott et al., 2008）、基因本体标注（Kim et al., 2009）及生物数据库更新等领域得到了广泛的应用。事件抽取主要依赖语义处理和深度句法分析技术来分析语义和语法结构（Miyao et al., 2009）。模式匹配、机器学习和规则方法都是生物事件抽取中的常用方法。词典和相关本体与标注语料的建设是生物事件抽取中的重要基础资源，目前 BioInfer corpus（Pyysalo et al., 2007）、GENIA Event Corpus（Kim et al., 2008）、PPI corpora 及 Gene Regulation Event Corpus（Thompson et al., 2009）是主要的生物事件抽取语料来源。

总体来说，生物信息文本挖掘已经成为生物信息学研究中的一个重要分支，能够有效帮助科研人员从浩瀚的科学文献中进行新知识发现、形成科学假设。基于生物信息文本挖掘中的关键技术（命名实体识别、机器学习和模式匹配等）从公开发表的科学文献中挖掘科学实验信息（如实验材料、实验条件及实验环境等科学数据），并对这些科学数据进行策管，是当前缺乏足够的科学共享数据条件下较为可行的方法之一。

第3章　科研人员数据共享现状研究

科学数据的公开获取自提出以来就得到了各国政府、基金支持机构、出版商及研究人员等各方的支持和认同。科研人员科学数据共享意愿是实现科学数据良性发展的基础，政府和各级基金组织及出版商的支持是促进科学数据共享的主要动力，而科学数据重用的效率则能够进一步激励科学数据共享的持续发展。本章综合利用文献调研、用户调研及文献计量等多种手段对科学数据共享中的几个关键问题进行调研和分析。

3.1　科学数据出版现状调研

科学数据出版是指数据能够达到可引用和追溯的状态，其核心内容是为数据引用提供标准的数据引用格式和永久访问地址。科学数据的出版是促进数据共享的重要手段，对于保持数据的完整性、防止科学造假、减少重复时间及资金投入、提高数据的发表者或者发表机构在科学研究界的知名度和影响力、减少跨学科研究的障碍，以及提高科研合作概率等方面具有极大的推动意义（Penev et al.，2013）。科学数据自提出以来就引起了国家基金组织、科研机构、出版社及科研人员等极大的关注。

3.1.1　当前科学数据出版的相关政策及各方态度

1. 期刊出版界

为了提高论文同行评审的严谨度并且促进数据的重复利用，目前许多期刊要求作者在论文发表之前，先将数据注册到相关数据库中，或者要求数据在文献发表之前公开。自2000年起，由美国生态学会（Ecological Society of America，ESA）创办的期刊要求作者将与论文相关的数据注册到由学会创建的数据库中，数据库在科学数据及科学文献之间建立链接①。*Nature* 要求作者在投稿时必须向期刊证明论文相关的科学数据已存储到可公开访问的相关数据库中，如与脱氧核糖核酸或核糖核酸相关的序列数据可存放到GenBank（DNA序列数据库）、欧洲核酸序列数据库（European Nucleotide Archive，ENA）或蛋白质数据库（Protein Data Bank，

---

① Ecological Archives[EB/OL].[2013-12-1].http://esapubs.org/archive.

PDB）中，并且要求自数据出版当日开始就能免费获取[①]。为了配合数据出版，促进高质量科学数据的永久保存及共享，在一些学科出现了专门的数据期刊（*Data Journal*）刊登与数据有关的文章。地球系统科学数据（*Earth System Science Data*）是一个只出版原始研究数据的国际跨学科期刊，创办于 2009 年，其宗旨就是促进有益于地球系统科学的高质量数据的分享利用或者引用[②]。

2. 国家基金组织、科研机构

2004 年，经济合作与发展组织（Organization for Economic Co-operation and Development，OECD）在其部长级会议上发布了关于“21 世纪科学技术与创新”公报，提倡所有获公共资金支持的研究数据都应能被公众获取和共享。2006 年底，OECD 又发表了《开放获取公共资助研究数据的原则和指南》，在此政策的引导下，欧美国家一些权威的科研基金组织及科研机构相继提出了支持数据出版的政策（Klump et al，2006），例如，美国国家科学基金会（National Science Foundation，NSF）在 2010 年发布声明，要求申请其资助的项目必须提交研究项目的数据管理计划，内容须包括数据的范围、类型、标准、元数据、数据共享方式、获取权限和时限等[③]；美国国家航空航天局（National Aeronautics and Space Administration，NASA）、英国研究理事会（Research Councils UK，RCUK）及美国国立卫生研究院（National Institutes of Health，NIH）等要求，凡是受其基金资助的项目必须进行科学数据的公开获取。此外，由新西兰健康研究委员会（The Health Research Council of New Zealand，HRC）等 17 家健康机构于 2011 年共同签署了关于共享科学数据的联合声明，提出通过建立数据管理和共享的框架与标准，促进医疗卫生的更快发展、发挥更好的资金价值及实现更高质量的科学发展（Olds，2013）。2013 年，美国科技政策办公室关于“提高联邦政府资助的科学研究结果的访问”的备忘录提到，由联邦资金全部资助或部分资助产生的非保密的科学研究数据必须为公众提供免费访问，支持数据的检索、查询和分析。

3. 研究人员

2003 年，德国、法国、意大利等国家的科研机构联合签署了《关于开放获取自然科学与人文科学资源的柏林宣言》（简称《柏林宣言》），鼓励科研人员与学者在“开放获取”的原则下公开研究工作，激发科研人员对全文和数据进行开放获

① Nature[EB/OL].[2013-12-1].http://www.nature.com/authors/policies/availability.html.

② Earth System Science Data：The Data Publishing Journal[EB/OL]. [2013-12-1].http://www.earth-system-science-data.net/home.html.

③ NSF Data Management Plan Requirements[EB/OL]. [2013-12-1].http://www.nsf.gov/pubs/policydocs/pappguide/nsf13001/gpg_2.jsp#dmp.

取的热情。2010 年，“潘顿原则——开放科学数据原则”提出了开放科学数据，意味着允许任何用户能以任何目的免费通过互联网下载、复制、分析和重新处理利用科学数据，不受资金、法律或其他技术壁垒的制约①。Borgman 在一项研究中对 1700 名研究人员进行了调查，结果表明只有 22.6%的研究人员会经常访问或者使用已经发表的数据，21.4%的研究人员表示会但不经常访问或使用，而 56%的研究人员则几乎不访问或者使用科学数据（Borgman，2013）。Piwowar 对 2000～2009 年公开发表的基因芯片研究论文的统计发现仅有 45%的论文提供了可公开访问的研究数据，通过对数据共享因素的回归分析发现，期刊的类型及期刊的数据出版强制政策和支持基金的强制性是数据出版的主要原因（Piwowar，2011）。Mulligan 和 Mabe（2011）在其调查研究中发现研究人员希望使用其他研究者的数据，但不太乐意分享自己的数据，主要原因在于他们不了解数据出版对学术交流的影响，不清楚进行数据出版能否获益。这些都表明虽然一些科学家积极倡导科学数据的公开出版，但其思想并未广泛传播，没有形成有影响力的科学数据出版模式和激励机制，仍有部分甚至是大部分的科研人员并不了解数据出版，也没有主动访问或使用可公开使用的数据的意识。

3.1.2　当前科学数据出版的主要模式

为了促进科学数据的交流及数据出版的规范化，许多研究机构、报纸期刊都在研究不同的出版方式用以支持科学数据出版，当前主要有数据仓储、机构库及期刊自行负责管理发表三种主要的数据出版模式。

1. 数据仓储

数据仓储是指受科学数据仓储库支持，不限期刊种类，支持研究人员对数据出版模式进行自由选择。本章对三个功能比较完善的数据仓储库进行对比介绍，如表 3-1 所示。

表 3-1　三个主要的科学数据仓储库特点比较

项目	Dryad	PANGAEA	Figshare
学科	医药科学	地球环境科学	自然社会科学
国别	美国	德国	英国
创立时间	2008 年	1993 年	2011 年
支持数据格式	无限制	无限制	支持浏览器显示的文件格式
是否支持质量管理	是	是	是

① Panton Principles-Principles for Open Data in Science[EB/OL]. [2013-12-1]. http://pantonprinciples.org/.

续表

项目	Dryad	PANGAEA	Figshare
数据发表日期	支持某些期刊论文的相关数据，延迟一年后才可以公开下载	专家评审通过之后	非隐私空间，立即生效
是否收取数据发表费	是（被世界银行认定为低收入或中等收入经济的国家免收）	是	文件大于 250MB 时要缴费，支持月付和年付两种方式
发表量/个	13 811	512 272	101 431
数据唯一标识符	DataCite DOI	DataCite DOI	DataCite DOI
支持数据接口	API OAI-PMH	OAI-PMH	API
许可协议	CC0 CC-BY3.0	CC	CC0 CC-BY
长期保存	与 CLOCKSS 合作	PANGAEA	与 CLOCKSS 合作
隐私保护	是	是	是
安全与稳定性	***	***	Amazon S4 支持
支持数据发表数据空间量	文件 1GB，数据包 10GB（超过 10GB 要额外付费）	***	无限开发获取数据空间，1GB 免费隐私空间
检索入口可用检索字段	题目、关键词、DOI、作者、学科、发表日期	数据来源（水、沉积物、冰、大气）、项目、运用原理、引用、参数（支持时间限定）	作者、分类、文献、标签（支持数据类型、发表时间、高分享、高被引、高下载等限定条件）
合作期刊	采纳 JADP[a] 策略的期刊	Elsevier 的 2 种期刊	PLoS[b] 的 7 种期刊
补充	***	***	支持云服务

注：表中各仓储库发表数据量来源 DataCite 网站，统计截止时间为 2013-12-23。

***表示各仓储库官方网站未给予相关信息。

a. JADP：《应用发展心理学杂志》（Journal of Applied Developmental Psychology，JADP）。

b. PLoS：公共科学图书馆（Public Library of Science，PLOS）。

由表 3-1 我们可以看出，不同的科学数据仓储库都各自拥有其支持的科学领域，提供隐私保护，提供开发的数据接口，并且遵循知识共享（Creative Commons，CC）许可协议，支持多项有学科针对性的检索字段；从数据出版角度看，仓储库支持的数据格式相当广泛，几乎没有限制，并且仓储库都为科学数据提供 DOI。这些特点为科学数据提供了永久、稳定、可信赖的出版环境，有利于科学数据的交流、使用和保存。

2. 机构库

公共仓储库支持期刊将其设置为指定的数据发表库，对于期刊类别和语言没有过多限制。然而，机构库是为特定期刊或者机构而构建的科学数据库，如 Ecological Archives 机构库专门用于存储美国生态学会创办期刊所刊发的科学论文相关的科学数据①。

① Ecological Archives[EB/OL].[2013-12-1].http://esapubs.org/archive.

除依附杂志存在的机构库外，另外一种机构库则是由大学发起的，主要依附大学图书馆建设，存储本大学内研究项目产生的科学数据。本书主要列举了在数据出版方面较有代表性的康奈尔大学、哈佛大学和普渡大学三所大学的机构库，见表 3-2。

表 3-2　大学机构库数据发表条件

机构库	数据发表条件	数据保存策略	数据大小	数据格式	发表量	下载量
康奈尔大学机构库	①必须是本校教师、研究人员、工作人员或学生参与项目的数据成果；②由本科生提交的数据必须有学校内的教师或者学校的行政支持；③须是教学及科研中已完成的成果	①给数据分配持久化标识符和持久的网址；②支持永久保存；③支持全球范围的公开下载使用	①单个文件小于 1GB；②研究项目产生的数据每年存入机构库的数据大小不能大于 10GB	支持所有文件格式	29 501	10 666 896
哈佛大学机构库	支持全球研究人员（教师、学生、员工等）进行数据出版和共享	①给数据分配持久化标识符和持久的网址；②分配使用通用数字指纹；③支持永久保存；④支持全球公开下载	①单个文件不超过 2GB；②总文件不能超过 1TB	支持所有文件格式	733 081	935 283
普渡大学机构库	①隶属普渡大学的研究人员（教师、学生等）；②参与普渡大学研究项目的研究人员	①分配永久标识符；②数据最多保存 10 年；③有资金支持的特殊数据支持永久保存	①一般研究最大 10GB；本校资助项目最大 100GB；②额外储存空间 2.1 美元/GB/年，额外数据发表空间 14.3 美元/GB/10 年	支持所有文件格式	无准确数据	无准确数据

由表 3-2 我们可以看出，以大学图书馆为依托的机构库主要服务对象为本大学内的科研人员及学生或者是参与本校研究项目的研究人员，因此其支持发表的科学数据具有局限性。以康奈尔大学机构库为例，其数据发表条件具有严格的要求，主要面向科研人员的教学和科研项目成果。相比之下为报纸期刊服务的机构库数据发表面向的研究人员和科研项目则更加广泛。不同的大学机构库对数据大小的限制各有不同，普渡大学机构库要求对超出限制范围的数据进行缴费，分为数据储存空间费用和数据发表空间费用。在数据引用格式方面，哈佛大学机构库明确规定了数据引用格式，而康奈尔大学机构库和普渡大学机构库并未给出明确规定。康奈尔大学机构库和哈佛大学机构库支持数据永久保存，而普渡大学机构库则保存 10 年，只有有足够资金支持的特殊数据可以永久保存，由此看出在数据保存方面，大学机构库还需要进行技术完善。

3. 期刊自行负责管理发表

当科学数据较小时，一些期刊要求其作为科学论文附件随论文一起发表，例如，上面提到的 *Ecosphere* 期刊自己负责论文附件的发表，Pensoft 公司要求不超过 20MB 的数据可以随论文发表，并且存储在出版社的网站上，另外，如生物信息学著名杂志 *Bioinformatics* 刊发的绝大多数论文都附带了研究中所使用的训练数据、测试数据及部分源代码。与前两种方式相比，涵盖范围更小，一般情况下，只有数据较小，无法找到与之匹配的公共数据仓储或机构库的情况下，才会选择此种出版模式，通过对支持数据出版的论文附件的调查统计，此种模式出版的数据格式大都为 Excel、Word、PDF、TXT 等格式的附件数据，大都是论文的补充性说明文件。因此，这种模式不具有广泛性。

数据仓储、机构库、期刊自行负责三种模式基本涵盖了目前科学研究领域数据出版的方式。本书对动物基因组研究中的 118 篇文献进行了统计分析①，发现其中进行数据出版的文献占全部参考文献的 78%。以数据仓储模式（存放在欧洲分子生物学实验室（European Molecular Biology Laboratory，EMBL）、日本 DNA 序列数据库（DNA Data Bank of Japan，DDBJ）、GenBank 等公共数据库中）出版的数据共计 60 次。以期刊自行负责方式发表的共计 38 次。并且这两种数据出版方式有交叉，一些期刊的科学数据既在公共仓储库中发表，也可以在期刊网站上下载获取。

从数据统计中我们不难发现，大部分的科学数据选择以公共仓储的方式发表。本书认为以公共仓储的形式进行数据出版，是最具代表性的模式，也是目前最为完善的数据出版模式，机构库和期刊自行发表是公共仓储的补充形式。同时，为了清晰地展现三种科学数据出版模式在出版范围、数据规范性、数据质量、数据格式、数据稳定性和数据独立性几个方面的区别，本书构建主要科学数据出版模式对比表（表 3-3）。

表 3-3 主要科学数据出版模式对比表

项目	数据仓储	机构库	期刊自行负责管理发表
覆盖范围	针对特定主题	本机构的研究内容	不限，与论文相关
数据规范性	强	较强	弱
数据质量	高	高	弱
数据格式	非常严格	不严格	不严格
数据稳定性	强	较强	一般
数据独立性	强	较强	弱

① https://en.wikipedia.org/wiki/List_of_sequenced_animal_genomes.

3.1.3　当前科学数据出版中面临的关键问题

科学数据出版是一个新兴出版模式，目前还没有完善的体系及理论框架，尽管在国际组织、期刊及研究者的共同推动下取得了很大的进展，但是在科学数据出版的发展中还存在一系列待进一步解决的关键问题。

1. 元数据

由于科学数据结构内容的复杂性及出版格式的多样性，科学有效的元数据系统对科学数据的提交、组织、存储、检索尤为重要。在科学数据库及仓储库的构建过程中，元数据扮演着支撑各种不同系统功能需求的结构化数据的角色。对独立的科学数据库来说，元数据的架构不仅影响科学数据管理的有效性，存储的有序性、检索的响应速度，也直接影响数据库操作的便利性。采用统一的元数据构建标准，有利于数据交换共享及不同平台互操作的实施。对科学数据进行完整的标注、解释和存储，科研人员可以快速识别数据信息，提高数据检索和使用效率。通过对地理空间领域的 8 个元数据描述标准的调查（Kim，1999）发现只有 2 个元数据标准包含了数据质量、空间参考、数据使用信息和元数据信息等所有的测试元素。科学数据元数据的构建标准虽然在不同国家组织中各有不同，但是能够完整表达科学数据内容的元数据标准还比较少。

2. 科学数据的组织技术

科学数据出版并不是简单的数据公开发布或者简单的数据仓储，数据出版的最初目的就是促进数据的重复利用，因此如何有效地组织内容复杂、格式多样的科学数据是能否高效准确地检索、获取、引用数据的关键。语义网和关联数据技术对提高科学数据的服务质量具有很大的帮助。传统 Web 环境下各类科研方法、实验结果、机构知识库的科研数据均缺乏有效的语义描述，同时隐藏在数据之中的实体与概念也无法作为独立的知识单元实现开放获取，因此要消除科研数据共享的语义结构障碍，首先必须将科学数据以关联数据形式予以发布（游毅和成全，2012）。关联数据技术可以应用于科学数据资源的揭示和利用，整合孤立的数据，提供开放的元数据服务，实现语义互操作和数据网服务（娄秀明，2010）。由德国联邦经济与技术部发起的 Medico 项目就是利用药物关联开放数据（Linked Open Drug Data，LODD）支持医学图像数据库的语义访问。当一个查询图像被使用后，它会自动分解可用于搜索的关键字，用户可以通过关键字搜索已经进行语义标注的医学图像数据（牟冬梅等，2012）。

3. 科学数据的知识产权保护

科学数据的知识产权保护和科学数据共享是一对矛盾体，如果过分强调科学数据的知识产权保护将妨碍数据共享，但忽视数据知识产权保护将打击数据生产者的积极性。与科学数据相关的核心知识产权包括署名权、发布权/再分发权和再编译权。数据的分发权和再编译权一定程度上会妨碍数据共享和二次加工，因此国际上一般建议数据作者放弃数据的分发权和再编译权这两项权利。潘顿原则要求科学数据出版前，科研人员做出明确清晰的数据使用权限。如果希望科学数据被其他人有效地使用，必须进行完全公开获取。Open Data Commons Attribution License（ODC-By）v1.0①允许用户自由分享、修改和使用公布的数据，Creative Commons CC0②则规定进行数据出版时就默认放弃了所有相关的法律权利，使用者可以自由复制、修改、使用和分发科学数据，甚至可以用作商业目的。因此，在知识产权保护和数据共享之间需要有完善的引用与激励机制来协调二者之间的矛盾。

4. 完善提高研究者出版意愿的激励机制

同科学论文的出版流程一样，科学数据的出版也包括数据提交、专家评审、数据发表、数据存储、数据引用、影响评价等步骤。理想的数据引用应与传统文献引用方式一样，在参考文献部分对数据进行引用标注，将引用排名纳入科学评价体系。因此，提供永久性和高质量的科学数据是提高数据出版意愿的重要前提。基于 DOI 的数据引用是推动数据出版的重要环节，通过解析系统和管理维护系统可以保证 DOI 编码所指向的数据资源永久有效（Lizong et al.，2013）。科技论文的产出及影响力评价已经拥有非常成熟的模式，之所以在没有期刊或基金组织的强制要求下，大部分科学家不愿主动进行科学数据出版，主要是因为科学数据出版还不具有成熟的出版模式。因此建立一个合理的科学数据引用评价激励机制，如数据引用排名、数据影响因子计算等，同时完善出版流程是提高研究者出版意愿的重要措施。

3.2　科研人员数据共享意愿研究

科研人员作为科学数据的生产、使用和管理者，其是否积极倡导并参与数据共享将直接影响科学数据公开获取的促进和发展，因此发现能够影响其意愿的因

---

① Open Data Commons Attribution License[EB/OL].[2014-01-12].http://opendatacommons.org/licenses/by/1.0/#sthash.NzRH9ncT.dpuf.

② Creative Commons CC0[EB/OL].[2014-01-12]. http://creativecommons.org/publicdomain/zero/1.0/.

素并给予改善能够在一定程度上促进数据共享的发展进程。相对于欧美国家较为积极的数据共享模式，国内的数据共享仍处于发展阶段。为了解国内科研人员对科学数据共享的认知及影响数据共享的因素，本章借鉴经典心理意向模型计划行为理论（Theory of Planned Behavior，TPB）和技术接受模型（Technology Accept Model，TAM），针对科学数据共享的特点，建立科学数据共享意愿模型，通过对国内三百余名科研人员的调研，利用结构方程模型对科研人员数据共享意愿及影响因素进行了研究。

3.2.1　科研人员数据共享模型构建

1. 理论基础

为了能够对科研人员的共享意愿进行研究，本章针对科学数据共享的特点引入 TPB 及 TAM 建立科学数据共享意愿模型来研究影响我国科研人员数据共享行为的影响因素。近年来，TPB、TAM 被广泛应用于对各种新事物的解释和预测，如网络购物意愿、知识共享因素、数字图书馆等。大量研究表明 TPB、TAM 在解释和预测行为意向方面十分有效。

TPB 是由理性行为理论（Theory of Reasoned Action，TRA）发展而来的。TRA 认为行为意向受态度和主体规范影响。由于 TRA 并不能完全解释或预测某些实际行为，1985 年，Ajzen（1985）在 TRA 的基础上增加了感知行为控制力，称为计划行为理论。TPB 是目前社会心理学中最著名的态度行为关系理论，该理论认为行为意向是影响行为最直接的因素，行为意向受态度、主观规范和感知行为控制的影响（段文婷和江光荣，2008），一个人的态度越积极、主体规范和感知行为控制越强，则执行某种行为的意向越强，也就越可能最终执行某种行为。1989 年，Davis（1989）将 TRA 和 TPB 应用到信息系统领域以解释用户对信息技术的接受行为，提出了 TAM，该模型认为使用行为意愿由使用态度和感知有用性决定，使用态度是由感知有用性和感知易用性决定的，感知有用性受感知易用性和外部变量的影响。技术接受模型被广泛应用于研究对各种信息技术的接受（Agarwal and Prasad，1999）。

2. 模型构建

纵观国内外学者对科学数据共享影响因素的研究，虽然多数学者采用问卷调查的方式采集数据，但是研究方法主要采用定性分析，且每次研究均集中在一个方向，对数据共享影响因素并没有进行全面的研究。本书对已有研究成果进行整理改进，总结为主观规范、感知行为控制、感知成本消耗、感知风险、感知有用性、数据共享态度六个方面，采用结构方程模型的方法，定量研究数据共享意愿影响因素，见图 3-1。

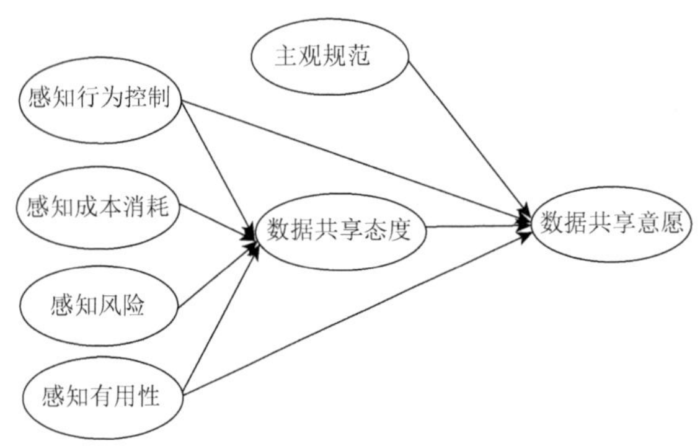

图 3-1　科研人员数据共享意愿模型

模型综合了 TPB、TAM 的影响因素变量，并做出改进：首先，根据科研人员对数据共享带来风险的担忧，增加感知风险因素，更加科学地测量数据恶意使用、核心内容泄露等风险因素对数据共享的影响。其次，国内还未从政府层面建立科学数据共享的促进措施，促进数据共享的条件仍然不具有广泛的影响力也未得到大力宣传，因此增加感知行为控制对数据态度的影响路径，更加全面地测量感知行为控制对数据共享行为的影响。

3.2.2　模型假设

数据共享意愿是理论模型的因变量，指科研人员将科学数据进行共享的主观意愿强烈程度。在 TPB 和 TAM 中，意愿是行为的直接决定因素，个人的意愿越强，实施行为的可能性越大。行为意愿的强弱受个人因素影响，即一个人对执行某种行为的态度的影响。行为态度是个体对执行某特定行为喜爱或不喜爱程度的评估（段文婷和江光荣，2008），因此进行以下假设。

H1：数据共享态度对数据共享意愿有正向影响，即科研人员对数据共享态度越积极，数据共享意愿便会越强烈。

主观规范是指个体在决策是否执行某特定行为时感知到的社会压力，它反映的是他人或团体对个体行为决策的影响（Ajzen，1991）。Karahanna 等（1999）研究发现主观规范对用户接受新信息系统的意愿有正向影响。由于科研界社会群体的特殊性，科研人员所感知的社会压力主要来自同事、同学科的专家学者等。因此进行以下假设。

H2：主观规范对数据共享意愿有正向影响，即感知的社会压力越大，数据共享意愿便会越强烈。

感知行为控制是指个体感知到执行某特定行为容易或困难的程度，它反映的是个体对促进或阻碍执行行为因素的知觉。本书将感知行为控制测度项集中在科研人员对数据共享促进因素的感知。因此进行以下假设。

H3：感知行为控制对数据共享态度有正向影响，即感知的促进因素越有利，数据共享态度便会越积极。

H4：感知行为控制对数据共享意愿有正向影响，即感知的促进因素越有利，数据共享意愿便会越强烈。

感知易用性是 TAM 中非常重要的变量，是用户主观上认为使用某一特定系统所付出努力的程度。数据共享不仅包括技术的阻碍，更多的是社会因素。Tenopir 等（2011）在调查中发现有 53.6%的科研人员认为数据共享花费不必要的时间，39.6%的科研人员表示缺乏资金支持。因此，本书中将感知易用性的测度内容集中在科研人员对数据共享所付成本的估计，如时间、资金的消耗，因此调整为感知成本消耗。因此进行以下假设。

H5：感知成本消耗对采纳行为态度有负向影响，即感知成本消耗越高，数据共享态度越消极。

感知风险是指科研人员对数据共享可能造成的风险的感知。在 Enke 等（2012）对生物学科领域专家对科学数据共享态度的调查中发现，科研人员担心数据共享会引起数据错用、数据泄露等方面的问题。Wicherts 等（2011）调查显示科研人员担心数据共享之后可能会揭示研究中的错误或者其他学者再分析会生成与原结果相反的结论。由此可见，科研人员担心数据共享后会带来数据错用、篡改、剽窃等风险。因此进行以下假设。

H6：感知风险对数据共享态度有负向影响，即感知风险越高，数据共享态度越消极。

感知有用性是 TAM 主要的衡量指标，指用户主观上认为某一特定系统能够提升工作绩效的程度。对于科研人员而言，数据共享可以提高相关科学论文的可信度、被引率，同时能够提高在同行中的知名度。Piwowar 等（2007，2008）研究发现公开分享的数据对期刊的引用率有 69%的影响，且期刊的影响因子与数据共享的程度成正比。Tenopir 等（2011）在调查中发现 68.6%的科研人员认为数据使用时标注引用是非常重要的，因此进行以下假设。

H7：感知有用性对数据共享态度有正向影响，即科研人员感知有用性越高，数据共享态度越积极。

H8：感知有用性对数据共享意愿有正向影响，即科研人员感知有用性越高，数据共享意愿越强烈。

3.2.3　研究结果

1. 调查问卷的设计、发放与回收

问卷设计基于上面的理论模型和研究假设，由三部分组成，第一部分为引言，对数据共享的概念、意义进行阐述；第二部分为个人基本信息的测量，主要了解科研人员的基本统计学信息；第三部分为问卷的主体部分，主要是对数据共享行为影响因素的测量，该部分所有测度项均采用 5 等级李克特量表形式进行测量，其中：1＝“非常不同意”；2＝“不同意”；3＝“不确定”；4＝“同意”；5＝“非常同意”。

本书的调查对象为国内研究所、高校等机构的科研人员。在初步完成问卷设计后邀请了 30 位博士研究生、讲师及副教授、教授等进行了预调研，根据反馈对问卷中模糊题项进行了修正。正式问卷通过问卷星（http://www.wjx.cn/）进行发放，调查持续 3 周，回收问卷 330 份，剔除无效问卷 2 份，最终有效问卷数量为 328 份。调查问卷见附录一。

2. 调查对象信息统计

表 3-4 和表 3-5 为此次调研对象的基本信息，本次研究对象男女比例基本持平，年龄主要集中在 26～45 岁，且 72.25%的调查对象来自 985、211 高校及研究所。参与本次调研的科研人员中理工学科的较多，99.7%的调查对象有参与科研项目经历。

表 3-4　调查对象基本统计信息

统计信息	类型	人数	比例	统计信息	类型	人数	比例
性别	男	140	42.68%	职称	正高职称	13	3.96%
	女	188	57.32%		副高职称	66	20.12%
	合计	328	100.0%		中级职称	191	58.23%
年龄	25 岁及以下	1	0.30%		初级职称	35	10.67%
	26～35 岁	234	71.34%		其他	23	7.01%
	36～45 岁	81	24.70%		合计	328	100.0%
	46～55 岁	9	2.74%	单位级别	研究所	148	45.12%
	56～60 岁	2	0.61%		985 高校	41	12.50%
	60 岁以上	1	0.30%		211 高校	48	14.63%
	合计	328	100.0%		普通高校	86	26.22%
					其他	5	1.52%
					合计	328	100.0%

注：因四舍五入导致合计比例相加不完全等于 100%。

表 3-5　调查对象科研背景信息

<table>
<tr><th>统计信息</th><th colspan="2">类型</th><th>人数</th><th>比例</th><th>统计信息</th><th>类型</th><th>人数</th><th>比例</th></tr>
<tr><td rowspan="6">学科领域</td><td colspan="2">人文社科</td><td>98</td><td>29.88%</td><td rowspan="6">参与科研项目经历</td><td>无</td><td>4</td><td>1.22%</td></tr>
<tr><td colspan="2">生物医药</td><td>69</td><td>21.04%</td><td>作为参与者</td><td>274</td><td>83.54%</td></tr>
<tr><td colspan="2">农业科学</td><td>33</td><td>10.06%</td><td>作为负责人</td><td>130</td><td>39.63%</td></tr>
<tr><td colspan="2">理工科学</td><td>128</td><td>39.02%</td><td>其他</td><td>1</td><td>0.30%</td></tr>
<tr><td colspan="2">其他</td><td>0</td><td>0</td><td colspan="3" rowspan="2">此项为多选项，分母仍按调查总人数328 人计算</td></tr>
<tr><td colspan="2">合计</td><td>328</td><td>100.0%</td></tr>
<tr><td rowspan="6">数据共享经历</td><td rowspan="3">听说过数据共享</td><td>有</td><td>318</td><td>96.95%</td><td rowspan="6">参与科研项目级别</td><td>国家级</td><td>90</td><td>27.44%</td></tr>
<tr><td>没有</td><td>10</td><td>3.05%</td><td>省部级</td><td>227</td><td>69.21%</td></tr>
<tr><td>合计</td><td>328</td><td>100.0%</td><td>校级</td><td>151</td><td>46.04%</td></tr>
<tr><td rowspan="3">进行过数据共享</td><td>有</td><td>274</td><td>83.54%</td><td>其他</td><td>4</td><td>1.22%</td></tr>
<tr><td>没有</td><td>54</td><td>16.46%</td><td colspan="3" rowspan="2">此项为多选项，分母仍按调查总人数328 人计算</td></tr>
<tr><td>合计</td><td>328</td><td>100.0%</td></tr>
</table>

注：因四舍五入导致合计比例相加不完全等于 100%。

3. 问卷信度与效度

表 3-6 中数据显示本书调查问卷的 Cronbach'α 值、因素负荷量、临界比值（Critical Ratio，CR）均满足标准，因此问卷具有较好的信度和效度。

表 3-6　问卷信息

<table>
<tr><th>变量</th><th>测度项</th><th>测度项内容</th><th>Cronbach'α</th><th>因素负荷量</th><th>CR</th></tr>
<tr><td rowspan="4">主观规范</td><td>S1</td><td>同事、领导或者同行朋友的建议或行为（影响您进行数据共享，下同）</td><td rowspan="4">0.618</td><td>0.512</td><td rowspan="4">0.6231</td></tr>
<tr><td>S2</td><td>知名专家的建议或行为</td><td>0.573</td></tr>
<tr><td>S3</td><td>科研合作者的建议或行为</td><td>0.504</td></tr>
<tr><td>S4</td><td>学术界的宣传和倡导</td><td>0.573</td></tr>
<tr><td rowspan="4">感知行为控制</td><td>P1</td><td>所在的单位有数据共享的奖励政策（影响您进行数据共享，下同）</td><td rowspan="4">0.698</td><td>0.689</td><td rowspan="4">0.7831</td></tr>
<tr><td>P2</td><td>课题资金支持机构对数据共享的要求强烈程度</td><td>0.673</td></tr>
<tr><td>P3</td><td>杂志社优先出版已进行数据共享的论文</td><td>0.682</td></tr>
<tr><td>P4</td><td>所在单位或学科相关协会建有科学数据共享平台</td><td>0.711</td></tr>
<tr><td rowspan="3">感知成本消耗</td><td>C1</td><td>数据共享浪费您的时间</td><td rowspan="3">0.817</td><td>0.849</td><td rowspan="3">0.8308</td></tr>
<tr><td>C2</td><td>数据共享浪费您的精力</td><td>0.937</td></tr>
<tr><td>C3</td><td>数据共享成本较高</td><td>0.544</td></tr>
</table>

续表

变量	测度项	测度项内容	Cronbach'α	因素负荷量	CR
感知风险	R1	数据共享会泄露研究核心内容	0.882	0.823	0.8823
	R2	数据共享后可能会被恶意使用或篡改		0.844	
	R3	您认为将数据共享有较大的风险		0.868	
感知有用性	U1	可以增加论文的可信度	0.601	0.552	0.7623
	U2	可以提升论文的关注度		0.563	
	U3	可以提高论文的被引次数		0.621	
	U4	有助于提高您在同行中的知名度		0.587	
	U5	可以以合作者标注数据被引		0.591	
	U6	引用已共享的数据，可以节省实验成本		0.628	
数据共享态度	A1	数据共享是个好的建议	0.723	0.675	0.7035
	A2	数据共享是很有必要的		0.584	
	A3	将数据共享是个明智选择		0.731	
数据共享意愿	W1	您愿意进行数据共享	0.619	0.652	0.635
	W2	您愿意其他研究人员以任何目的重用您的数据		0.631	
	W3	您愿意通过数据共享将科研数据免费开放		0.532	

4. 模型检验

本书利用 AMOS 17.0 对模型假设进行检验，模型检验标准及检验结果数据见表 3-7。

表 3-7　科研人员数据共享影响因素模型拟合指标值

统计检验量	适配的标准或临界值	检验结果数据	模型适配判断
卡方值 χ^2	—	262.049	—
自由度 df	—	235	—
NC（χ^2/df）	＜3	1.115	是
显著性概率 P	＞0.05	0.109	是
GFI	＞0.9	0.990	是
AGFI	＞0.9	0.916	是
RMSEA	＜0.05（适配良好） ＜0.08（适配合理）	0.019	良好
NFI	＞0.9	0.913	是
IFI	＞0.9	0.990	是
TLI	＞0.9	0.986	是

表 3-7 的数据显示，模型拟合指标均符合规定适配值，因此构建的假设模型成立。大部分学者认为，解释的变异量 R2 达到 30%可认为模型达到了较好的解释性，吴明隆（2010）认为 R2 高于 0.5 表示模型的内在质量检验良好，本书数据共享意愿被潜在变量解释的变异量为 0.778，表面模型均具有较好的解释力。

5. 假设检验

在模型成立的前提下检验研究假设是否成立，上面验证模型通过，假设检验结果见表 3-8。

表 3-8　科研人员数据共享影响因素假设验证

假设	自变量→因变量	p 值	验证结果
H1	态度→意愿	＜0.001	成立
H2	主观规范→意愿	0.042	成立
H3	感知行为控制→态度	0.009	成立
H4	感知行为控制→意愿	0.389	不成立
H5	感知成本消耗→态度	0.230	不成立
H6	感知风险→态度	＜0.001	成立
H7	感知有用性→态度	＜0.001	成立
H8	感知有用性→意愿	0.165	不成立

结构方程模型中，显著性指标 $p<0.05$ 时则认为假设成立，表 3-8 显示本书提出的大部分假设成立，不成立的假设分别为 H4、H5、H8，由此得到以下结论。

（1）科研人员对数据共享的态度直接影响其数据共享意愿。态度是 TPB、TAM 中的核心概念，也是本书中的主要影响因素。即科研人员对数据共享的态度越积极，数据共享意愿越强烈。

（2）主观规范正向影响科研人员的数据共享意愿。领导、同事或学科内其他科学家数据共享行为对国内数据共享行为影响较大，即他人积极参与数据共享时，科研人员数据共享的意愿更强烈。

（3）感知行为控制正向影响数据共享态度，对数据共享意愿影响不显著。Ajzen（1991）发现当态度或主体规范具有较大影响的情况下，感知行为控制对数据共享意愿的预测力便较弱。因此，本书假设态度、主体规范对数据共享意愿的影响力较大，而感知行为控制只能影响其数据共享的态度，如研究人员所在单位的奖励政策、课题资金支持机构对数据共享的要求强烈程度等。

（4）感知风险负向影响数据共享态度，感知成本消耗对数据共享态度影响不显著。这说明科研人员担心数据共享可能带来的风险，如数据篡改、恶意使用、泄露核心内容等，而时间、资金等成本问题并不影响其数据共享态度。其原因可能是时间、资金确实充裕，或是对数据共享的成本消耗并不了解。

（5）感知有用性正向影响数据共享态度，对数据共享意愿影响不显著。这说明数据共享带来的被引率的提升、学科内影响力的提高等好处只能影响科研人员对数据共享的态度，即感知到的好处越多越有益，科研人员对数据共享的态度越积极。

3.2.4　结论建议

研究结果表明直接影响科研人员科学数据共享意愿的因素包括数据共享态度、主观规范两个方面，感知行为控制、感知风险、感知有用性通过科学数据共享态度间接影响科研人员的科学数据共享意愿。研究结果表明目前国内科研人员对数据共享仍处于初步认知阶段，表现为强烈的从众心理，同时科研人员虽然十分关注科学数据，但并不了解数据共享可能带来的优势与风险。因此针对目前科研人员对科学数据共享的认知现状，对科学数据共享发展提供以下建议。

1. 利用社群影响力，广泛宣传科学数据共享理念

假设 H1、H2 结果表明科研人员数据共享意愿受其数据共享的态度及主观规范的直接正向影响，因此利用领导、同事或同行专家学者等社群影响力加大科学数据共享宣传，消除科研人员对数据共享的消极态度，使其认识到数据共享的重要性和必要性，从而增强数据共享的积极性，吸引科研人员的参与。

2. 科学数据共享政策化，强调数据共享必要性

假设 H3 结果证明感知行为控制正向影响数据共享态度，实际表现为如果课题资金支持机构对数据共享的要求越强烈，期刊支持数据共享的科研论文优先出版的权限越高，单位对数据共享奖励政策越完善，科研人员数据共享的态度则会越积极。

在欧美国家，国家基金组织、科研机构、期刊出版界出台了一系列数据共享的强制性政策。由于国内科学数据共享仍处于起步阶段，因此可以通过借鉴欧美国家较为成熟的模式，将数据共享制定为基金组织、期刊的强制政策，同时以奖励政策的方法提高科研人员数据共享的积极性。

3. 建设科学数据共享管理方法法律体系，降低数据共享风险

假设 H6 证明感知风险负向影响数据共享态度，实际是科研人员担心数据共享可能造成的篡改、恶意使用和泄露核心内容等数据知识产权保护问题。因此如何确保数据共享后的保密性、避免数据共享者损失等成为促进数据共享进程中需要着重解决的问题。

建立科学数据共享管理方法的法律体系、明确规定数据共享核心知识产权、数据恶意使用后果责任自主承担等措施是消除科研人员对数据共享风险认知的根本办法，也是健康健全数据共享环境的重要保障。

4. 完善科学数据引用评价机制，提高数据共享增值效益

假设 H7 结果显示感知有用性正向影响数据共享态度，即科研人员重视数据共享能够带来的利益，包括提高论文可信度、引用率，提高学科影响力等数据共享增值效益，且利益越高、越好，科研人员数据共享的态度越积极。通过一系列措施增加数据共享增值效益，提高科研人员数据共享积极性，可以有效地促进科学数据共享发展。需要完善数据引用模式，借鉴传统文献的计量方法，将数据引用排名纳入科学评价体系，规范化数据共享增值效益评价机制，明确数据共享科研影响力。

3.3 科技论文中科学数据重用研究

随着科学与技术的快速发展，科学研究已经进入数据驱动研究的第四研究范式阶段。数据驱动的科学研究范式需要依靠大量的、类型多样的数据集的支持，比较典型的学科如生命科学、地球科学、天体科学及地理科学等。目前，基金支持机构、科研机构以及研究团体越来越关注在科研过程中产生的科学数据的存储，并呼吁将这些数据存储在科学数据开放存储库（Open Access Data Repository）中，这样的存储方式有很多的优点，如促进科研创新、专业的数据保存技术及数据能够长期保存等。另外，研究者可以重用共享数据，复现已有研究、验证研究结果、产生与已有数据集相关的新的研究成果等。与此同时，相关数据的开放共享，也可以促进相关研究论文的引用数量的提升（Borgman，2012；Piwowar et al.，2007；Piwowar，2011）。

截止到 2015 年，re3data.org[①]已经索引了超过 1000 种的科学数据仓储库，成

① re3data.org 网址：http://www.re3data.org/.

为开放科学数据最大的、最全面的在线索引库。re3data.org 索引的数据库有基于机构库的、基于不同学科主题的、跨学科的及基于特定项目的科学仓储数据。这其中，典型的学科仓储库如存储基因序列的 GenBank①、存储地球和环境科学的 PANGAEA②、存储航天科学的 HEASARC③等，Figshare④、Dryad⑤及 LabArchives⑥则服务于跨学科研究的科学数据开放存储需求。

就目前而言，对于特定领域的学科主题科学数据仓储库（Domain-Specific Data Repositories），一般由该学科的国家科研机构负责数据的收集、存储、保存及开放共享。这些权威的学科主题科学数据仓储库已经在一些数据密集型的研究领域发挥着越来越重要的作用。然而，同这些投资巨大的、基于特定学科主题的科学数据仓储相比，服务于多学科的开放数据仓储库还没有得到广泛的关注，不同学科的研究者如何重用这些数据，为什么重用这些数据还没有太多的研究。研究服务于多学科主题的开放数据仓储更能够从整体上把握研究者重用科学数据的动机及习惯。Dryad 旨在使不同学科领域、不同类型的科学数据能够被检索、重用及引用，目前已经成为许多期刊和基金组织推荐的跨学科科学数据仓储库之一。因此，本书选用 Dryad 中的开放共享数据的重用情况作为研究数据。

本书以 Dryad 为例，关注跨学科仓储库中的开放共享数据是否被研究者重用，以及这些开放共享数据被其他研究者重用的时候起到什么样的作用，以便对科学数据开放仓储的建设提供建议和策略。

3.3.1　数据来源

本书下载了 2010～2015 年 Scopus 数据库中收录的所有研究论文中引用的 Dryad 中的科学数据。以此作为分析数据，利用检索式“dryad.*”和“doi”检索到了 827 篇文本，除去 URL 地址无效等错误数据，共得到 550 条有效引用数据。根据这 550 条有效引用数据中提供的 URL 地址，利用网络爬虫软件，从 Dryad 网站上下载了这 550 项在科技论文中被引用的科学数据的数据类型、下载时间、关键词、数据描述、所载期刊等元数据信息，如图 3-2 所示。为了分析这些被引用的科学数据在新研究中的作用，同时，从 Google Scholar、Scopus 等数据库中下载了引用这些数据的论文的全文信息。

---

① http://www.ncbi.nlm.nih.gov/genbank.

② http://www.pangaea.de.

③ http://heasarc.gsfc.nasa.gov/.

④ http://figshare.com.

⑤ http://datadryad.org/.

⑥ http://www.labarchives.com.

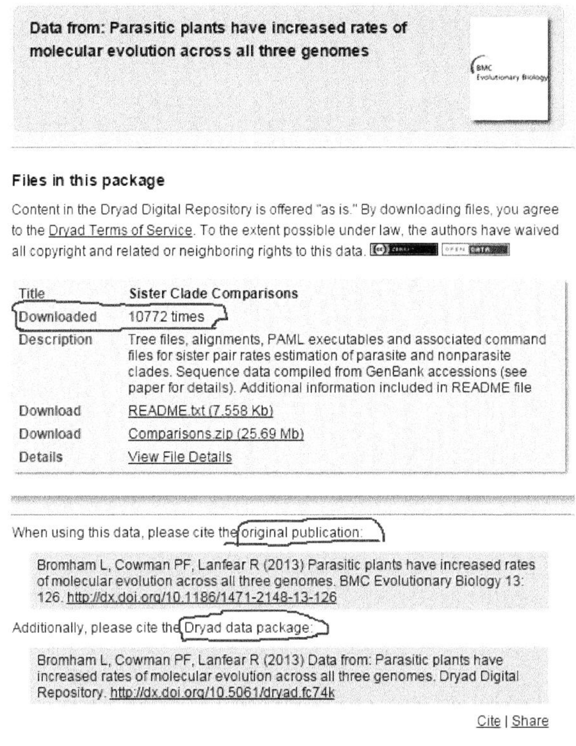

图 3-2　Dryad 中科学数据描述的元数据信息

3.3.2　研究方法

1. 科学数据所属的学科分类

众所周知，目前国内外学术界存在着多种学科分类方法，在本书中采用了 Scopus 数据库①的期刊分类标准。本书简化了科学数据的学科分类，只根据科学数据所载的期刊类目进行学科分类。例如，论文 *Forest aboveground biomass estimates in a tropical rainforest in Madagascar*：*New insights from the use of wood specific gravity data* 刊载于期刊 *Journal of Forestry Research*，如下所示：

Ramananantoandro T，Rafidimanantsoa H P，Ramanakoto M F. 2015. Forest aboveground biomass estimates in a tropical rainforest in Madagascar：New insights from the use of wood specific gravity data. Journal of Forestry Research，26（1）：47-55.

① http://files.sciverse.com/documents/xlsx/title_list.xlsx.

在 Scopus 的期刊分类标准中，该期刊被划分在类目 1107（Forestry）中，因此该论文也被划分在此类目中。由于待分类数据量总体偏少，最终将其合并到上位类 1100（Agricultural and Biological Sciences）中。

该篇论文引用了某条科学数据，如下所示：

Zanne A E，Lopez-Gonzalez G，Coomes D A，et al. 2009. Data from：Towards a worldwide wood economics spectrum. Dryad Digital Repository. http://dx.doi.org/10.5061/dryad.234

根据 URL 地址 http://dx.doi.org/10.5061/dryad.234，从 Dryad 网站上下载了该条数据的原始发表信息：

Chave J，Coomes D A，Jansen S，et al. 2009. Towards a worldwide wood economics spectrum. Ecology Letters，12（4）：351-366.

同样地，将根据这条科学数据刊载的期刊 *Ecology Letters* 所属的类目 1105（Ecology，Evolution，Behavior and Systematics）对其学科类别进行归类，归并到上位类 1100 中。

2. 科学数据的内容划分方法

根据现有的科学数据内容的分类方法[①]，在本书中主要将科学数据按照内容特征划分为四类：观察数据（Observational Data）、实验数据（Experimental Data）、仿真数据（Simulation Data）、编撰数据（Derived or Complied Data）。

以 Dryad 网站上的元数据字段“Destription”提供的信息为基础，根据以上四类科学数据的特征及呈现的关键词对科学数据的内容进行人工归类。

3. 科学数据的功能划分方法

科学数据被重用后在新研究中的功能，主要根据科学数据在新的科技论文中的引用动机进行划分。根据 Garfield 和 Merton（1979）经典的引用动机理论，通过人工判别被引用的科学数据在新论文中的位置及倾向进行划分。

在研究中，我们邀请了两位研究人员作为标引员，根据经典的引用动机理论，对重用的科学数据在新研究中所起的作用进行判别。两位标引人员一位来自生物学领域，另一位来自图书馆学领域，两位标引员标引一致的最终判别结果被用于本项研究的后续数据分析中。

---

① http://guides.library.oregonstate.edu/data-management-types-formats.

3.3.3 Dryad 中科学数据重用的数量分析

1. 不同学科领域中科学数据引用和重用的分布

表 3-9 中统计了 2010～2015 年 Dryad 仓储中的数据在不同学科中被引用的情况，以及 Dryad 收录的数据在不同学科领域中的分布数量。

表 3-9　Dryad 仓储中的数据在不同学科中被引用数量一览表

学科	引用文献统计		被引数据统计		Dryad 数据总量统计	
	引用 Dryad 数据的出版物数量	引用 Dryad 数据的论文数量*	Dryad 数据被引用数量	均篇出版引用 Dryad 数量	Dryad 中存储的数据数量**	Dryad 数据被引用比例
1000 一般（General）	1	1	1	1	292	0.3%
1100 农业与生物学（Agricultural and Biological Science）	405	395	391	1.04	9 310	4.4%
1200 艺术与人文（Arts and Humanities）	2	2	2	1	9	22.2%
1300 生物化学、遗传学和分子生物学（Biochemistry，Genetics and Molecular Biology）	73	72	69	1.06	8 744	0.8%
1600 化学（Chemistry）	4	4	4	1	34	11.8%
1700 计算机（Computer Science）	2	2	2	1	55	3.6%
1900 地球与行星学（Earth and Planetary Sciences）	1	1	1	1	288	0.3%
2000 经济学、计量经济学与金融（Economics，Econometrics and Finance）	1	1	1	1	2	50%
2100 能源（Energy）	2	2	2	1	2	100%
2300 环境科学（Environmental Science）	155	148	111	1.40	832	18.6%
2400 免疫学与微生物学（Immunology and Microbiology）	23	23	18	1.28	306	7.5%
2700 医学（Medicine）	99	93	95	1.04	1 942	5.1%
2800 神经科学（Neuroscience）	17	17	6	2.83	189	9%
3200 心理学（Psychology）	1	1	1	1	10	10%
总计（Total）	786	762	700	1.12	22 015	3.6%

注：均篇出版引用 Dryad 数量 = 引用 Dryad 数据的出版物数量/Dryad 数据被引用数量。

Dryad 数据被引用比例 = 引用 Dryad 数据的出版物数量/Dryad 种存储的数据数量×100%。

*除去了综述、会议论文、编辑卷首语、通知等文献类型。

**表中统计的存储数量大于实际数量，这是由于有些期刊在 Scopus 期刊分类体系中具有多个分类号。为了计算简化起见，没有将具有多个分类号的期刊进行加权统计。

2. 科学数据存储和重用的时间变化

图 3-3 统计了 Dryad 仓储库 2010～2015 年存储的科学数据的数量（其中，2015 年的数据只截止到下载数据时的 8 月份）。从图中不难看出，5 年间 Dryad 中存储的科学数据的数量呈现出明显增长的趋势，特别是自 2013 年以来，出现了急剧增长的趋势。

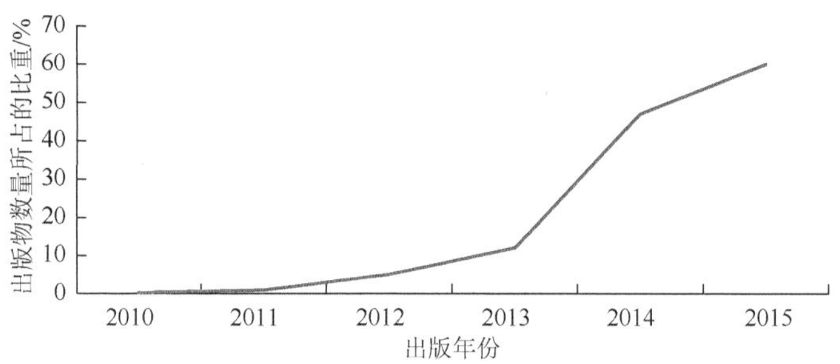

图 3-3　2010～2015 年 Dryad 仓储中存储的科学数据的数量增长趋势

图 3-4 则统计了 Dryad 中存储的科学数据从发表到被重用所经历的时间跨度变化情况。从图中可以明显看出，Dryad 中的科学数据在当年或者第二年就被重用的数量占统计数据的近 80%。

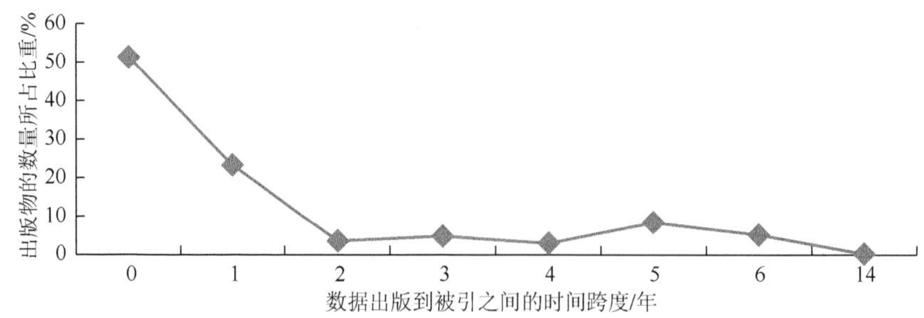

图 3-4　Dryad 中的科学数据自发表到被重用的时间跨度

3. 不同学科中科技论文中科学数据重用的类型

表 3-10 统计了被重用的科学数据在不同学科领域的新文献中被引用的类型。这里的自引一方面是指研究人员引用自己存储在 Dryad 中的共享数据，另一方面也考虑了研究人员的研究机构，相同研究机构的引用也被定义为自引。就总体数量而言，84%的引用类型是自引，16%的引用是他引。也就是说，84%的引用来自研究者本人或者研究者所在的机构。

表 3-10　被重用的科学数据在不同学科领域的新文献中被引用类型统计

学科领域	自引		他引	
	自引量	自引率	他引量	他引率
1000 一般（General）	0	0	1	100%
1100 农业与生物学（Agricultural and Biological Science）	223	84%	41	16%
1200 艺术与人文（Arts and Humanities）	2	100%	0	0
1300 生物化学、遗传学和分子生物学（Biochemistry，Genetics and Molecular Biology）	30	83%	6	17%
1600 化学（Chemistry）	1	100%	0	0
1700 计算机（Computer Science）	0	0	1	100%
1900 地球与行星学（Earth and Planetary Sciences）	1	100%	0	0
2000 经济学、计量经济学与金融（Economics，Econometrics and Finance）	1	100%	0	0
2100 能源（Energy）	0	0	1	100%
2300 环境科学（Environmental Science）	86	76%	27	24%
2400 免疫学与微生物学（Immunology and Microbiology）	8	100%	0	0
2700 医学（Medicine）	106	93%	8	7%
2800 神经科学（Neuroscience）	5	83%	1	17%
3200 心理学（Psychology）	1	100%	0	0
总计（Total）	464	84%	86	16%

注：自引率＝自引量/（自引量＋他引量）×100%；他引率＝他引量/（自引量＋他引量）×100%。

表 3-11 从内容分析的角度统计了被重用的科学数据的类型，其中实验数据（45%）和观测数据（31%）占被统计数据的 76%，模拟数据（3%）及编辑数据（21%）所占的比例相对较低。

表 3-11　被重用的科学数据的内容统计

类型		数量	分布
观测数据（31%）	调研数据	21（18%）	15（物种），6（环境）
	样本数据	15（13%）	15（植物）
实验数据（45%）	基因序列	32（27%）	22（物种），10（植物）
	野外观测数据	22（18%）	18（植物），4（环境）
模拟数据（3%）		4（3%）	2（物种），2（环境）
编辑数据（21%）	文本或数据挖掘	22（18%）	18（物种），4（植物）
	3D 模型	3（3%）	3（环境）

图 3-5 中统计了被重用科学数据的数据类型。不难发现，XLS、CSV 及 TXT 格式的科学数据是最主要的被重用的数据类型。这些表格、图表和文本主要起到了对研究结论的进一步说明或者对研究结果的进一步论证的作用。

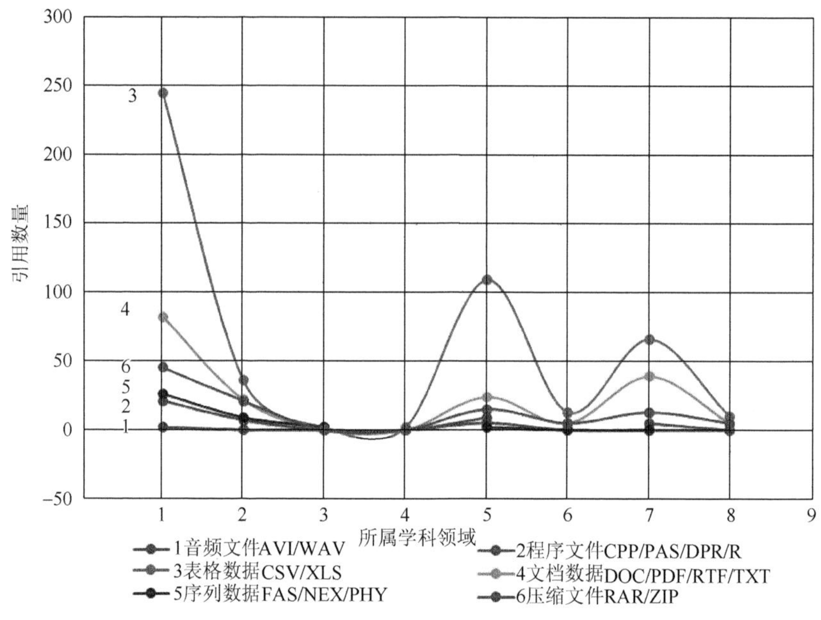

图 3-5　被重用的科学数据的数据类型统计

注：横坐标 1～8 分别表示的学科为：1100 一般，1300 生物化学、遗传学和分子生物学，1700 计算机，1900 地球与行星学，2300 环境科学，2400 免疫学与微生物学，2700 医学，2800 神经科学

4. 被重用的科学数据在新研究中所起的作用

为了探究被重用科学数据在新文献中所起的作用，标引人员对 130 篇重用 Dryad 科学数据的文献进行了标引，同时对两位标引人员标引一致的 119 篇文献进行了统计，结果如表 3-12 所示。75%的引用出现在“研究方法与研究材料”章节中，其中，28%的引用是作为原始数据进行说明的，30%的引用是数据被用作了新研究的支撑数据，17%的引用是用作评估分析方法。22%的引用出现在“讨论与评估及结果分析”章节中，这部分的科学数据主要用来作为基准线来评估分析新的研究结果，而只有 4%的引用出现在“研究综述”章节中，作为对已有研究成果的介绍。

表 3-12　被重用的科学数据在新文献中的作用及位置

数据的功能	数量	在新文献中的位置
引用相关研究	4（3%）	研究综述
评估分析	16（14%）	讨论与评估及结果分析

续表

数据的功能	数量	在新文献中的位置
摘要数据的元分析	10（8%）	讨论与评估及结果分析
评估分析方法	20（17%）	研究方法与研究材料
新研究的支撑数据	36（30%）	
原始数据	33（28%）	

3.3.4 Dryad 中科学数据重用的特征分析

1. 不同学科中科学数据重用的比例分析

尽管 Dryad 是一个综合性的公共科学数据仓储，从数据分析的结果来看，该数据库数据被重用的数量呈现出较大的学科差异性。85.5%的重用集中在生物学（55.9%）、环境科学（16%）及医学（13.6%）这三个数据密集型的学科中。科学数据共享机制也主要是从这几个学科开始的，科学数据收集、存储、保存及公开获取意识在这几个学科中已经得到了较好的共识。

我们对科学数据重用率较高的期刊进行了排名统计（表 3-13），发现期刊及基金资助机构对科学数据共享政策约束的强弱与科学数据共享及重用的效率之间存在较强的正相关。

表 3-13　数据重用比例较高的期刊的数据存储要求

期刊名称	数据存储要求	是否推荐 Dryad
American Naturalist	强制	是
Journal of Ecology	强制	是
Journal of Animal Ecology	强制	是
Functional Ecology	强制	是
Molecular Ecology	强制	是
Biological Journal of the Linnean Society	强制	是
PLoS ONE	强制	是
BMC Evolutionary Biology	强制	是
Methods in Ecology and Evolution	强制	是
PLoS Biology	强制	是
Proceedings of the Royal Society B：Biological Sciences	强制	是
eLife	推荐	是
Biology Letters	强制	是
Evolution	强制	是

此外，我们对重用科学数据的科研人员所在国家进行了归类统计，结果如图 3-6 所示。排名较为靠前的国家分别是：美国、加拿大、英国、澳大利亚、德国等国家，这些国家也正是科学数据共享的主要倡导国家。因此，不难得出，出版社、政府及基金组织的政策要求是推进科学数据重用的因素之一。

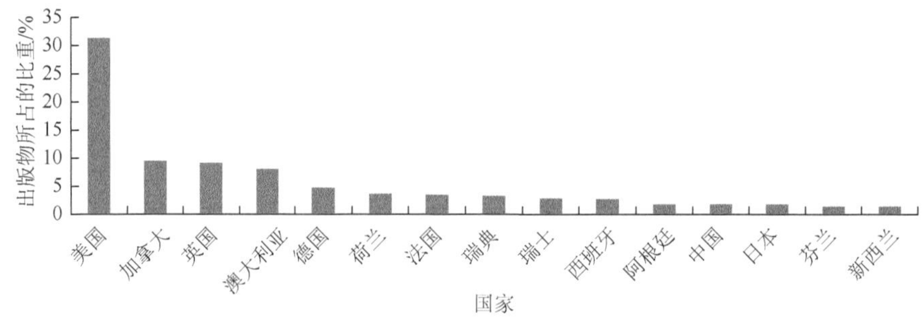

图 3-6　数据重用科研人员所在国家排名

2. 不同学科中科学数据重用的功能分析

表 3-10 的数据分析中，本书对科学数据被引用的类型进行了分析，84%的引用类型为自引，16%的引用为他引。也就是说，84%的数据引用是根据政府及出版机构的要求，研究人员把科研过程中所产生的数据公开存储到了数据仓储中，在科研论文中，通过引用该地址指向该条科研数据。

就目前的科学数据被重用的功能来看，绝大多数的科研数据起到了支持科学结论、对实验结果的进一步详细说明等作用，因此，大多数被引用的科学数据都是表格、图表等文本形式的数据。绝大多数的科学数据仍然发挥着类似论文附件材料的作用。16%的数据引用是“真正的”科学数据重用，也即科研人员在他人共享的科学数据的基础上，进行再次研究和创新产生了新的研究成果。这种科学数据重用是业界所真正倡导的，也是科学数据共享的初衷之一。虽然这部分数据的比例还比较低，但却说明了科学数据共享正在发挥着促进科研创新的作用。

3. 研究者科学数据重用的使用偏好分析

从被重用的科学数据类型来看，观测类型的（Observational）和实验类型的（Experimental）科学数据被重用的比例比较高。观测类型的数据一般是借助某些仪器和设备对客观现象进行实地观测所取得的数据。实验数据往往是在科学实验环境下所取得的数据。实验环境受到严格控制，数据的产生是受某一约束条件影响的结果。这两类数据都是自然科学中的基础数据（Raw Data）。

通过对科学数据重用的类型分析，本书发现在生物学、分子生物学、医学等学科，科研人员倾向于引用自己的数据或者自己所在的研究机构所产生的科学数据。其中很重要的一个原因就是科学数据的可信性、可理解性和权威性。科学数据的可信性和可理解性已经成为影响科学数据重用主要障碍[①]。当前，科学数据描述的元数据非常简单和单一，以 Dryad 仓储为例，科学数据的描述元数据仍然是基于都柏林核心元数据，如题名、DOI、出版机构以及关键词等。科学数据非常复杂，亟待针对科学数据特点的、详细的描述元数据应用于科学数据的策管中，以提高科学数据的权威性和可理解性。

本章从政府、基金组织、期刊出版商及科研人员几个维度对科学数据共享现状进行了调研，重点对科研人员科学数据共享意愿、科学数据出版及科学数据重用效果等几个方面进行了较为深入的分析。通过调研分析发现，科学数据的质量及可理解性是影响科研人员重用科学数据的主要因素。在科学数据库的维护中，元数据的构建及科学数据的知识组织技术，不仅有利于科学数据的有效管理，也可以促进相同学科、不同数据库，甚至是不同学科、不同数据库间的互操作，便于不同科学数据库之间进行数据的交换互通，这将真正实现科学数据间的无缝链接。

① Faniel I M，Jacobsen T E. 2010. Reusing scientific data：How earthquake engineering researchers assess the reusability of colleagues'Data. Computer Supported Cooperative Work，19：355-375. doi：10.1007/s10606-010-9117-8.

第 4 章　科学数据描述模型的构建研究

目前已经建成的大规模科学实验公共仓储平台，主要来源于国际空间站、人类基因图谱研究等“大科学”研究，这些数据主要由政府、国际合作组织等专门的机构负责加工、保存、维护和策管。相对于这些“大科学”有完整的政策、手段实现科学数据的组织，来源于“小科学”的科学实验数据因缺乏关注及重视，现有实验数据组织混乱、丢失严重，导致很多科学实验无法复现和分析，科研成果的验证、实验方法追溯及实验数据的复用存在很大困难，因此亟须有效手段实现“小科学”数据的保存、组织和维护，保证数据格式的更新可用。

基于上述背景，本书选取植物学基因表达实验作为实例进行科学数据组织的方法与技术的研究。在后续章节中的研究均以植物学基因表达实验数据为例进行相关的技术与方法的研究。为了简化说明，在章节题目中直接冠以“科学实验数据”。

4.1　植物学基因表达实验数据组织现状调研

4.1.1　植物学基因表达实验选取的意义

科学实验作为科学研究中的一种重要方法，其产生的科学实验数据是科学数据的重要组成部分。科学实验数据的完整记录是保证科学实验能够进行复现的重要基础，包括实验的材料、实验的环境、实验材料的处理方法等。国际上已报道的研究中，有大量因为实验环境、实验材料及实验操作过程缺乏必要的记录而不可复现的实验，这给科学研究带来了重大的负面影响。

本书以基因表达研究中常规的时实定量聚合酶链反应（Quantitative Real Time Polymerase Chain Reaction，RT-qPCR）为例进行进一步说明。RT-qPCR 是一种新的核酸定量技术，具有定量准确、灵敏度高、重复性好、高通量等特点，它广泛应用于基因表达分析中。为了研究目标基因特异性表达的真正差异，通常要选择在不同环境下表达稳定的内参基因（传统选择持家基因）进行校正和标准化。选择稳定的内参基因是 RT-qPCR 实验数据可用性的关键。然而选择合适的内参基因通常需要严格的生物实验加以验证，选择过程代价较大。事实上，在已有的研究中报道了大量的 RT-qPCR 实验，记载了大量关于不同实验环境中有关内参基因的选择，但由于缺乏必要的数据组织方式，这一类的科学实验数据缺乏完整的保存，因此，研究人员在实验前不得不花费大量的时间去进行相关实验数据的查询，花费大量的经费来进行多次的实验验证。

事实上，科学实验数据涉及的学科众多、对象复杂、类型多样，本书所论及的基因表达实验只是其中一种典型的依赖于实验环境与实验材料的实验类型之一。为了能够对科学实验数据组织的方法、流程和技术进行完整的研究与验证，本书以植物学基因表达实验为例，进行科学数据的描述模型、组织模式、抽取技术等的相关研究。

4.1.2　植物学基因表达实验数据组织现状

为了准确获取当前植物学基因表达科学实验数据组织及管理现状，本书通过访谈的方式对与基因表达实验相关的园艺、农学、植物保护等专业背景的研究人员进行了访谈，粗略获取了植物学基因表达实验数据组织与保存现状。本次共有 20 名研究人员参与了访谈，访谈的主要问题涉及实验数据的保存方式、获取渠道、组织与管理等几个方面的问题。

（1）植物学基因表达实验数据的保存方式。我们对受访科研人员的实验数据保存方式进行了总结，受访科研人员普遍表示对于科学实验数据的保存和记录目前还没有统一的格式与范本，主要通过课题组科研人员自己保存，部分研究生也参与数据保存工作。这些实验数据有些存储在个人计算机中，有些存储在 USB 闪存和外部硬盘中，少量实验室存储在项目组的公共服务器中，甚至还有相当一部分科研人员或研究生选择传统的手工方式记录在纸质笔记本中。受访研究人员普遍缺乏数据保存和备份意识，绝大多数研究人员都经历了由于计算机病毒、USB 等外部设备及个人笔记本丢失而造成的数据损失。

（2）植物学基因表达实验数据的描述格式。目前植物学基因表达实验数据主要以文本、表格等格式由个人保存。科研人员记录实验结果的数据文件、存储文件夹命名方式因人而异，较为随意。通过调查发现，大多数的科研人员普遍缺乏使用标准、统一的方式记录和保存实验过程数据的意识，由于缺乏必要的培训，对数据描述、操作平台等缺乏了解，在实际操作过程中给数据保存造成了困难。很多科研人员表示因为没有在数据产生的第一时间记录数据产生条件的信息，在几年后无法理解数据本身的含义，没有科学数据产生的背景信息造成无法使用这些科学数据。

（3）科学实验数据的检索需求与重用。科研人员主要通过美国国立生物技术信息中心（National Center for Biotechnology Information，NCBI）等国际数据库查询实验数据，因缺乏正规途径获取同行专家的实验数据；实验数据的重用主要是实验方法的模仿、学习、复现，且实验方法具有跨学科参考价值，没有物种局限性，如研究草莓基因表达的科研人员同样会参考、复用水稻和大豆等其他物种的实验方法。缺少能够获取其他科研人员数据的平台、方式已经阻碍了科学的发展进程，一些科学数据的共享还依赖于非正式渠道，多数研究人员都有依赖师生、同事等关系获取实验数据，多数科研人员都有数据共享请求被拒绝的经历。一些科研人员表示他们有较强的数据共享意愿，但由于缺乏存储数据的平台和标准，他们没有公开自己的实验数据。

（4）基因表达实验数据组织需求。科研人员认为统一的实验数据组织方法可以实现不同作者记录数据的统一，有助于数据的理解和重用，从而保证实验数据的传承性。受访者表示目前大多数的科研人员虽然有数据管理意识，但缺乏数据组织的背景知识，希望在创建元数据、保存和共享数据方面获得更多的技能培训与指导，最好能有类似专业馆员的专业数据管理人员参与到项目的研究过程中。部分实验室主管也表示因为缺乏统一的数据管理培训、指导，同一实验室内的科学家保存的科学数据在格式、背景信息等方面存在很大差异，所以需要一个统一的格式、系统存储数据。

访谈结果显示，实验室现有实验数据组织方式规范性差，缺乏统一的存储、组织标准，造成实验数据传承性差，且不利于实验数据的交流和理解。因此，研究人员迫切需要建立规范的科学实验数据描述元数据，能够实现对植物学基因表达实验进行统一的、全面的、规范性的描述，特别是对实验数据产生的背景、数据集内容、访问限制、数据获取条件等信息的详细描述，以及这些实验信息与相关科研成果的关联是研究人员普遍需要解决的现实问题。

4.2　植物学基因表达实验数据描述模型构建

4.2.1　已有的科学实验相关元数据集

都柏林核心元素集（Dublin Core Element Set，DC）成为 Web 资源都应遵循的通用的核心元数据标准，不针对某个特定的学科或领域，支持对任何内容的资源进行描述，包括标题、创建者、主题、描述、出版者、贡献者、日期、类型、格式、标示符、语言、来源、关联、覆盖范围、权限在内的 15 个核心元素，基本涵盖了电子资源的主要特征，有广泛的适用性[①]。都柏林核心元素集包含实

① DCMI.[2015-4-16].http://dublincore.org/documents/dcmi-terms/#H6.

验数据分类所需的主要元数据，包括 Study（研究）、Topic（主题）、Access Conditions（获取条件）、Data Description（数据描述）、Data Location（数据位置）、Related Material（相关材料）等元数据对象，并为数据共享、数据标引、数据的集成和合作开发等提供了一个标准格式，满足了来自结构生物学领域的专家、研究人员对数据共享、数据组织的强烈需求[①]。Armand Brahaj 等在 CSMD 基础上增加了实验描述、实验仪器、调查研究、研究结果、出版物等元数据信息，提出了以实验室为中心元数据模型——CSMO[②]。生物医学研究本体（The Ontology for Biomedical Investigations，OBI）是为描述生物临床调查而构建的元数据框架，描述对象分别为生物材料、研究设计、角色内容、计划和计划流程、数据转换及实验仪器六个大类，适用于所有生物技术领域[③]。Lyon 等根据晶体学实验“初始化形态—数据采集—数据加工—数据分析—数据筛选—实验结果—实验报告”的实验步骤，提出了面向晶体实验学实验工作流的实验元数据描述项，列出了在实验过程中可能产生的所有文件及文件格式[④]。EXPO 提出了相对全面的实验活动元数据框架，涉及科学实验数据的组织和管理[⑤]。为了更好理解实验结果，从分子层面了解基因致病原因，微列阵实验专家将实验分为组织机构、实验背景、统计分析、数据描述四个层面，构建了微列阵实验元数据模型[⑥]。

科学数据管理活动应该从科学数据生成即刻开始，包括数据集内容、访问限制、数据获取条件等信息[⑦]，以保证科学数据的科研价值、可被发现和重用能力（Lord and Macdonald，2003），从而保证科学数据的持续性（Shreeves and Cragin，2008）。

对六个已有实验元数据集进行对比（表 4-1）发现已有科学实验元数据集大部分只关注科学实验本身信息，如实验目的、方法、研究机构、研究人员等，较少关注实验数据管理及实验数据集相关内容信息，如数据类型、获取权限、时间限制及科研成果、基金支持外部关联信息等。因此，本书将会结合对研究人员需求的访谈以及现有元数据标准的对比结果，对已有的实验元数据进行扩充与丰富，实现对科学数据有效信息的完整描述及相关数据的关联与丰富。

---

① Requirements Specification for the Sharing Sensitive Scientific Data Test Bed[EB/OL].[2015-4-13]. http://www.consequence-project.eu/Deliverables_Y1/D6.1.pdf.

② CSMO Vocabulary[EB/OL].[2015-4-14].http://oneo.net/csmu.

③ The Ontology for Biomedical Investigations[EB/OL].[2015-4-14]. http://obi-ontology.org.

④ Lyon D L，Heery R，Duke M.eBank UK：linking research data，scholarly communication and learning[EB/OL].[2015-4-14]. http://eprints.soton.ac.uk/8183/1/eBank_AHM.pdf.

⑤ EXPO[EB/OL].[2015-5-13]. http://expo.sourceforge.net.

⑥ Provenance of Microarray Experiments[EB/OL].[2015-5-13]. http://ceur-ws.org/Vol-670/paper 6.pdf.

⑦ EPSRC.Research Funding Policies[EB/OL].[2015-4-13].https://epsrc.ukri.org/about/standards/resrarchdata/.

表 4-1　不同实验元数据涵盖范围对比

元数据集	研究信息	实验信息	数据描述	使用软件	数据权限	基金支持	学科针对性
	研究机构、研究人员等	主题、方法、样本等	格式、存储位置等	实验使用的软件、仪器等	访问权限、时间有效期等	实验支持基金	学科专指度
CSMD	√	√	√		√	√	弱
CSMO	√	√		√		√	弱
OBI	√	√	√	√			一般
晶体实验元数据	√	√	√	√			强
EXPO	√	√					弱
微列阵实验元数据	√			√			一般

4.2.2　元数据模型的构建流程

本书拟基于“元数据模型初步构建—元数据模型修正—确定元数据模型”三个步骤（图 4-1）完成植物学基因表达实验元数据模型的构建，首先通过领域用户多轮访谈用以确定植物学基因表达实验领域核心概念及术语，完成元数据模型的初步构建；其次在模型修正阶段引入德尔菲法，补充、修正初步构建的元数据模型中可能存在的概念性漏洞，规范元数据模型，对于专家意见统一性较差的元数据通过专家回访的方式确定是否保留，保证元数据模型的科学性；最后完成元数据模型的构建。

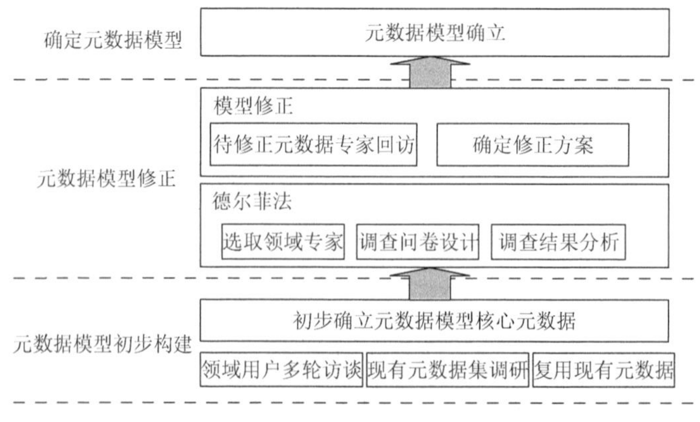

图 4-1　元数据模型构建流程

4.2.3 领域用户访谈

用户访谈共进行三轮，访谈对象为来自南京农业大学果树研究所、水稻研究室以及园艺专业的共15名博士研究生及专业研究人员，第一轮访谈内容为实验室中实验数据保存、复用、检索及实验室对实验数据的现实组织需求；第二轮访谈内容为植物学基因表达实验的操作过程、数据处理、注意事项等问题；通过对第二轮访谈结果进行结构化整理及实验数据与科研成果的链接需求进行了第三轮访谈，对第二、三轮的访谈结果进行整合，初步确立了植物学基因表达实验元数据模型的核心元数据集。访谈问卷见附录二。

第一轮访谈的问题项：

（1）实验数据一般由哪些人保存，是否备份，备份频率如何？

（2）实验数据存储方式、格式、命名方式主要有哪些？

（3）实验室是否有统一的存储方式、是否有专业数据存储软件或系统？

（4）如果毕业生离开实验室，实验数据如何处理，是否有传承？

（5）现有实验数据保存方式有什么缺陷，希望有什么改进，理想的数据组织方式涉及哪些内容？

（6）有没有获取同行专家实验数据的需求，现有方式，能否快捷地获取他人的研究数据？

（7）实验数据的参考、复用注重的是实验方法还是实验数据，是否有研究物种差异？

（8）实际科研过程中，实验数据获取方式有哪些？

第二轮访问的问题项：

（1）基因表达实验在植物学领域属于什么类型的实验，哪些科研方向需要基因表达实验？

（2）基因表达实验涉及哪些实验过程，用简洁的词汇完整地描述基因表达实验过程？

（3）基因表达实验与其他科学实验区别性的内容是什么，特点是什么？

（4）基因表达实验产生什么格式类型的数据、是否需要专业读取分析软件？

（5）在整个基因表达实验周期内，哪些信息需要记录并长期保存，原因是什么？

（6）基因表达实验复现的最重要标准是什么？

（7）获取哪些实验信息、实验数据可以完整复现一个基因表达实验？

第三轮访问的问题项：

（1）一个完整实验的操作一般由几个人、单位组织参与，任务、角色分配有什么不同？

（2）描述在科研过程中阅读相关论文，参考实验方法、实验内容的侧重点。

（3）在现实科研过程中，是否有发表论文提交原始实验数据的经历？

（4）科研论文与实验数据的关联是否有现实需求？

（5）实验设计、实验操作、实验结果等元数据能否完整地描述一个基因表达实验？

4.2.4 元数据核心元数据集

在访谈过程中，领域专家概括出植物学基因表达实验基本流程为“实验样本—样本处理—实验引物—转录、反转录条件—实验结果”。样本处理为主要实验步骤，实验引物以上引物、下引物成对形式出现，转录、反转录条件是基因表达实验标准化操作流程，称为扩增程序，通过聚合酶链反应（Polymerase chain reaction，PCR）仪实现，因此引入实验异常处理类型对应样本处理、实验引物、扩增程序三个具有专业领域特殊性的元数据。根据植物学科实验基本原理，实验材料分为实验组和对照组，并且包括实验样本物种、培养条件、取样条件、取样部位等信息。科学实验数据的科研产出一般为科研论文，在科研论文阅读参考方面，领域专家表示注重实验方法、实验样本处理、数据处理等信息的获取，同时表示通过科研论文查询获取实验数据较困难但有很高的科研价值，因此本书引入科研成果的概念，并采用图书情报领域期刊文献类描述元素进行标注，详尽地记录科学实验数据的科研产出信息，实现实验数据与实验论文的相互链接。

4.3 植物学基因表达实验数据描述模型的修正

德尔菲法即专家调查法，其核心思想为通过循环调查过程并利用不一致意见作为深入分析触发器，本书利用德尔菲法对初步构建的元数据模型进行多轮打分、修正，直到专家意见统一，能够补充、完善用户访谈中存在的概念性漏洞，规范元数据集的表达，从而体现其专业性、科学性。

4.3.1 专家选择和信息统计

本书选取果树学、水稻学、植物学、生物学等拥有专业学科知识背景、熟悉植物学基因表达实验操作知识的在读硕士研究生、博士研究生等专职科研人员进行问卷调查。由于现有科学实验元数据集较少，植物学基因表达实验的专业性强，为满足元数据修正需求，确定专家组成员为 20 名，其基本信息见表 4-2。在前期访谈中了解到基因表达实验为自然科学实验中的基础性实验，科研过程均有涉及，因此专家调查结果具有较高的科学性和信赖性。

表 4-2　德尔菲法专家组成员基本信息

统计信息	类型	人数	统计信息	类型	人数
性别	男	11	专业背景	果树学	8
	女	9		水稻学	4
学历	硕士研究生	8		植物学	5
	博士研究生	12		生物学	3

4.3.2　量表设计、发放与调整

将初步构建的植物学基因表达实验元数据集，分别按 3 个级别构建调查问卷（见附录三），专家按其重要程度完成打分，打分规则遵循李克特 5 级量化模式，其中 5 分表示非常重要、4 分表示比较重要、3 分表示一般重要、2 分表示不重要、1 分表示非常不重要，专家也可以给出补充意见。将第一轮统计结果、专家的意见和符合要求的指标反馈给专家，同时制作第二轮专家调查表，供专家重新进行评价，最终采用专家积极系数、加权算术平均值、满分频率和变异系数四个评价指标对评价结果进行筛选。

第一轮共发放 20 份专家问卷，回收 19 份，专家积极系数为 95%；第二轮共发放 19 份专家问卷，回收 19 份，专家积极系数为 100%。一般认为专家打分的算术平均值大于 3，评价指标才有保留意义。第一轮所有评价指标打分的算术平均值均大于 3，符合标准，全部进入第二轮调查中；在专家补充意见中，47%的专家在实验过程中提出需要补充“实验结果分析”“数据分析”“校准数据”等过程，在三级元素中应该添加“技术路线”“内参基因”分别描述实验设计、实验引物；根据专家补充意见，第二轮调查对量表进行调整，将“实验数据处理”调整为一级元素，并添加“校准数据”“数据验证”“图表分析”等二级元素描述，在实验设计、实验引物中分别添加“技术路线”“内参基因”等元数据进入第二轮打分。

4.3.3　量表打分结果统计与分析

对三级元数据第二轮打分结果的算术平均值、满分频率、标准差、变异系数进行统计，统计结果见表 4-3、表 4-4、表 4-5，加权算术平均值、满分频率能够反映专家意见集中程度，变异系数则反映专家意见的协调程度，一般认为变异系

数小于 0.25，表示专家组成员意见协调程度高，趋于一致，反之则分歧较大。

根据调查结果实验仪器变异系数为 0.25，其三级元素仪器名称、生产厂家变异系数分别为 0.29、0.25，均不符合评价指标阈值，因此对实验仪器及其下级元素予以删除。表 4-6 显示，植物学基因表达实验数据主要为 Excel、Word 和图片文件，因此在数据格式描述中添加 Word 格式文件。专家调查组成员在实验数据存储位置中提出部分数据备份于 U 盘等移动设备中，因此添加移动设备描述元素为三级元素；在数据共享方式中，84%的专家支持邮件联系方式，26%的专家表示涉密数据不可公开，5%的专家则表示需要付费获取。

表 4-3　德尔菲法一级元素评测结果

评价元素	序号	首轮加权算术平均值	第二轮加权算术平均值	满分频率	标准差	变异系数
实验设计	A1	5	5	1	0	0
实验操作	A2	4.84	4.53	0.58	0.61	0.13
实验数据处理	A3	***	4.42	0.58	0.77	0.17
实验结果	A4	4.68	4.47	0.58	0.69	0.16

***表示该元素为第二轮添加元素。

表 4-4　德尔菲法二级元素评测结果

评价元素	序号	首轮加权算术平均值	第二轮加权算术平均值	满分频率	标准差	变异系数
实验目的	A11	4.58	4.89	0.89	0.32	0.07
实验方法	A12	4.79	4.63	0.68	0.59	0.13
技术路线	A13	***	4.21	0.58	0.78	0.17
实验测试基因	A14	4.47	4.37	0.53	0.83	0.19
实验异常处理类型	A15	4.42	4.21	0.42	0.79	0.18
实验材料	A16	4.47	4.53	0.68	0.84	0.18
原始数据	A21	4.7	4.58	0.63	0.61	0.13
校准数据	A22	4.47	4.63	0.63	0.5	0.1
数据验证	A23	***	4.68	0.74	0.58	0.12
数据分析	A24	***	4.58	0.68	0.69	0.16
图表分析	A25	***	4.53	0.68	0.7	0.16
实验样本培养条件	A31	4.53	4.57	0.68	0.69	0.15
实验取样条件	A32	4.63	4.53	0.53	0.52	0.11
实验引物	A33	4.47	4.37	0.58	0.83	0.19

续表

评价元素	序号	首轮加权算术平均值	第二轮加权算术平均值	满分频率	标准差	变异系数
实验试剂	A34	4.58	4.32	0.47	0.75	0.17
病原接种	A35	4.58	4.4	0.5	0.8	0.2
实验仪器	A36	4.05	4	0.37	1	0.25
扩增程序	A37	4.26	4.05	0.37	0.97	0.23
数据分析结果	A41	4.58	4.74	0.74	0.45	0.09
实验结论	A42	4.63	4.89	0.89	0.32	0.06

***表示该元素为第二轮添加元素。

表 4-5　德尔菲法三级元素评测结果

评价元素	序号	首轮加权算术平均值	第二轮加权算术平均值	满分频率	标准差	变异系数
非生物胁迫	A151	4.47	4	0.31	0.82	0.2
生物胁迫	A152	4.26	4.11	0.42	0.88	0.21
实验样本品种	A161	4.47	4.42	0.42	0.51	0.11
实验对照品种	A162	4.63	4.42	0.42	0.51	0.11
实验样本来源	A163	3.95	3.79	0.21	0.92	0.24
样本培养条件	A311	4.63	4.53	0.63	0.7	0.15
对照组培养条件	A312	4.58	4.58	0.68	0.69	0.15
样本取样时间	A321	4.53	4.37	0.47	0.68	0.16
样本取样部位	A322	4.42	4.53	0.63	0.7	0.15
对照组取样时间	A323	4.53	4.21	0.47	0.61	0.14
对照组取样部位	A324	4.58	4.32	0.42	0.67	0.16
内参基因	A331	***	4.58	0.63	0.61	0.13
上引物	A332	4.58	4.37	0.53	0.76	0.17
下引物	A333	4.58	4.37	0.53	0.76	0.17
试剂名称	A341	4.42	4.1	0.37	0.99	0.24
试剂浓度	A342	4.47	4.42	0.47	0.61	0.13
病原名称	A351	4.58	4.16	0.42	1.01	0.24
接种时间	A352	4.53	4.47	0.53	0.61	0.13
病原来源	A353	4.37	4.11	0.47	0.99	0.24
仪器名称	A361	3.68	3.47	0.1	1.02	0.29
生产厂家	A362	3.78	3.89	0.32	0.99	0.25

***表示该元素为第二轮添加元素。

表 4-6 科学实验数据访问现状调查

调查内容	基因表达实验产生的可用数据格式					实验数据一般存储位置			数据有效期		数据共享方式				
可选方式	TXT文件	Word文件	Excel文件	图片文件	Pcrd文件	个人计算机文件夹	公共数据库	在线云端	有	没有	在线预览	免费下载	邮件联系	付费获取	涉密不公开
百分比	26%	58%	100%	53%	16%	100%	21%	26%	58%	40%	26%	42%	84%	5%	26%
补充	无					U 盘、移动设备			2～3 年		无				

4.4 植物学基因表达实验数据描述模型的确定

通过德尔菲法对基因表达实验元数据模型进行修正和调整，最终确定了植物学基因表达实验数据元数据模型（表 4-7），该元数据模型基于科学实验数据的生命周期，涵盖植物学基因表达实验完整的实验过程、实验数据处理、实验数据保存等信息，便于本地实验数据的保存、组织和检索，支持科学实验数据公开获取及科研成果的追溯，明确了实验数据的数据格式、访问权限、获取方式等，减小了实验数据共享、获取的信息屏障。

表 4-7 植物学基因表达实验数据元数据模型

一级元素集	二级元素集	三级元素集	一级元素集	二级元素集	三级元素集
实验设计	实验目的	无	实验操作	实验培养条件	样本培养条件 对照组培养条件
	实验方法*			实验取样条件	样本取样时间 样本取样部位 对照组取样时间 对照组取样部位
	技术路线			实验引物*	内参基因 上引物 下引物
	实验测试基因*			实验试剂*	试剂名称 试剂浓度
	实验异常处理类型	非生物胁迫 生物胁迫		病原接种*	病原名称 接种时间 病原来源
	实验材料*	实验样本品种 实验对照品种 实验样本来源		扩增程序	无

续表

<table>
<tr><th>一级元素集</th><th>二级元素集</th><th>三级元素集</th><th>一级元素集</th><th>二级元素集</th><th>三级元素集</th></tr>
<tr><td rowspan="5">实验数据处理</td><td>原始数据</td><td rowspan="5">无</td><td rowspan="5">数据访问</td><td>访问权限</td><td>付费获取
免费下载
涉密不公开</td></tr>
<tr><td>校准数据</td><td>存储位置*</td><td>公共数据库
个人计算机文件夹
在线云端</td></tr>
<tr><td>数据验证</td><td>数据格式*</td><td>Word 文件
Excel 文件
图片文件
其他格式</td></tr>
<tr><td>数据分析</td><td>有效日期</td><td>有效时间
无时间限制</td></tr>
<tr><td>图表分析</td><td>获取方式*</td><td>在线预览
免费下载
邮件联系</td></tr>
<tr><td rowspan="2">实验结果</td><td>数据分析结果</td><td rowspan="2">无</td><td rowspan="5">实验管理信息</td><td>实验名称</td><td>无</td></tr>
<tr><td>实验结论*</td><td>实验操作员*</td><td>姓名
电话
邮件
单位</td></tr>
<tr><td rowspan="3">科研成果</td><td>科学论文</td><td>论文题名
关键词
摘要
DOI</td><td>实验参与单位*</td><td>单位名称
地址
邮编
电话</td></tr>
<tr><td>发表期刊</td><td>期刊名
卷期
页码</td><td rowspan="2">基金来源*</td><td rowspan="2">项目名称
项目号</td></tr>
<tr><td>通信作者</td><td>姓名
电话
邮件
单位</td></tr>
</table>

*表示元数据可重。

第 5 章　科学实验数据的获取与处理

科学实验数据的获取与处理主要是利用自然语言处理、机器学习等自动化处理技术从无结构或者半结构化的文本中抽取与科学数据描述相关的元数据。在后续处理中，这些元数据将会被描述为 RDF 三元组的形式，利用本体的语义标注及语义关联作用，将相关的科学数据联系起来。

科学实验条件、环境及材料的选用是科学实验能够成功复现的重要因素。*Nature* 报道有大量的生物学实验由于缺乏详细的实验环境及材料的记载而导致实验复现失败。事实上，大量的科学实验条件、对象及环境的描述以显式或隐式的方式广泛存在于各类公开发表的生物学文献中。因此，基于文本挖掘技术，如命名实体识别、机器学习和模式匹配等，从公开发表的科学文献中挖掘科学实验材料、条件及实验环境信息，能够为科研人员提供有益的参考。

5.1　植物学基因表达实验数据的抽取方法

根据前期的访谈结果，植物学基因表达实验数据主要涉及实验的材料、实验对象、实验环境等几个重要因素，这些因素广泛存在于公开发表的科技论文中，而目前这些因素没有得到很好的挖掘和保存。事实上，科技论文的撰写遵循较为固定的模式，文本挖掘技术在生物医学领域已经得到了广泛的应用（Zweigenbaum and Demner-Fushman，2009）。目前，生物医学文本挖掘技术可以从文献中抽取出特定的事实信息，如基因、蛋白质等命名实体的识别、关系的抽取及不同任务类型的生物事件抽取等（Kelder et al.，2009；Elliott et al.，2008；Kim et al.，2008；Kim et al.，2009；Miyao et al.，2009），这对整个生物知识网络的建立、生物体关系的预测、新药的研制等均具有重要的意义（Cohen and Hersh，2005）。

本书利用文本挖掘技术对待抽取的论文进行主题段落划分。在目标区域中，利用句法分析、词性标注及机器学习等方法对句子进行处理，识别出基因表达实验中内参基因所在的语句。内参基因的选取因植物组织不同、发育阶段不同，不同实验条件（如盐胁迫、干旱胁迫等）的表达调控也是不同的。因此，在识别出内参基因的同时，还要对内参基因的应用环境（植物生长发育时期、植物组织及实验条件）进行识别和抽取。

本书将已有的机器学习、自然语言处理、信息检索等多种技术应用于文本的内参基因及应用环境的抽取中，处理的主要方法和流程如图 5-1 所示。

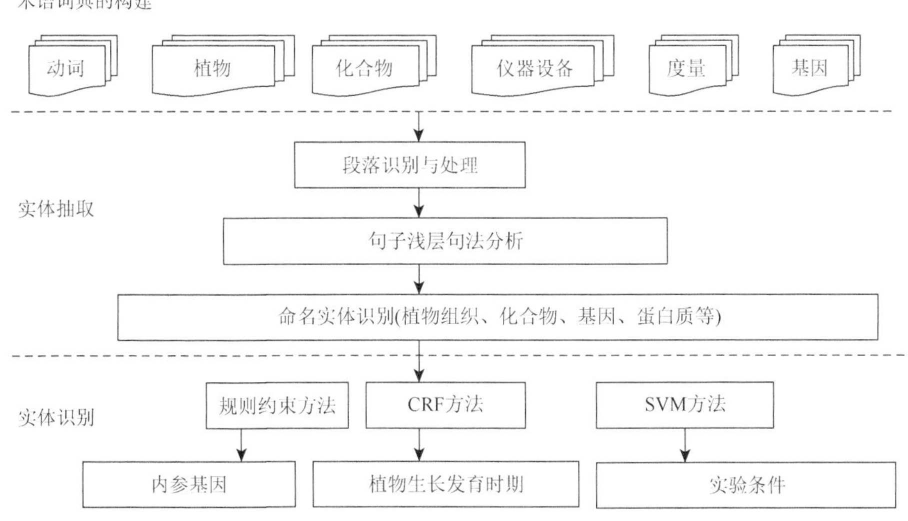

图 5-1　植物学基因表达实验数据抽取流程图

（1）文本的预处理。处理的文本主要是与基因相关的各类研究论文，主要为 HTML 格式文件，包括对文本进行格式转换、段落分割、词性标注、浅层句法分析等过程，我们利用现有的 Stanford Parser[①]进行本文的预处理。

（2）内参基因的识别。内参基因的识别需要满足两个条件：①一种基因实体；②含有指示性的特征触发词，如 housekeeping gene、reference gene、internal gene、normalization 等。首先在选定的主题区域中，将含有基因名称的句子抽取出来，然后利用手工建立的内参基因判定规则进行二次过滤。特征触发词的构建采用人工建立规则的方式，通过语法和句法两级进行约束。

（3）植物组织的抽取。RT-qPCR 实验所用的植物组织的抽取同样需要明确的触发动词，如 harvest、separate、isolate 等，通过频次统计和人工识别的方法建立特征动词词典和植物组织名称表对待抽取的句子进行过滤，用句法依存关系分析的结果作为抽取规则。如果特征动词和组织名称存在主谓依存关系，则为要抽取的植物组织名称。

（4）生长发育时期的识别。RT-qPCR 实验所用的植物生长发育时期的识别采用基于规则和 CRF 的方法从文本中抽取。植物的生长发育时期具有较为明显的特

① http://nlp.stanford.edu/software/lex-parser.shtml.

征，事先对已识别出的植物生长发育时期进行机器学习和训练，总结出其中的规则和特征，进而利用规则约束和机器学习方法对文本中所用植物组织的生长发育时期进行识别。

（5）实验处理的识别。RT-qPCR 实验所用的实验处理方式的识别，在本文中被转化为分类问题。领域专业人员建立植物实验处理条件分类表，并进行实例标注。同时，利用 SVM 算法对人工标注的实例进行机器学习，将建立好的分类器用于实验处理的识别中。

5.2 植物学基因表达实验数据抽取的预处理方法

5.2.1 段落抽取

生物信息学文章的写法通常遵循固定的模式，通过统计 2700 篇 PMC（PubMed Central）开放获取论文的结构，发现内参基因和实验环境的描述及相关的实验环境描述都放在“Materials and Methods”段落中。因此，根据表 5-1 所列关键词，从文本中分割出“Materials and Methods”段落进行单独处理。

表 5-1 生物信息学论文通用格式

段落划分	段落识别特征词
Introduction	Introduction；Related Research；Literature Review；Motivation；Related Work
Materials and Methods	Methods；Materials；Experiment（Procedure）；Implementation
Results	Evaluation；Results；Findings
Discussion	Discussions
Conclusion	Conclusions

5.2.2 词典构建

在研究中需要利用多个领域词汇表作为命名实体识别的支撑工具。根据研究需要，本书构建了多个关键词词典，如表 5-2 所示。

表 5-2 植物学基因表达实验抽取所需词典列表

词典名称	主要来源/方法
植物组织词典	从植物本体（Plant Ontology，PO）中获取有关植物组织的词汇 1134 个

续表

词典名称	主要来源/方法
度量词典	从百科词典中，收集有关温度、容积、质量、压力、发光强度、电流等法定计量单位，以此作为实验处理条件的特征之一
化合物词典	从医学主题词表（Medical Subject Headings，MeSH）、生物相关的化学实体（Chemical Entities of Biological Interest，ChEBI）、统一医学语言系统（Unified Medical Language System，UMLS）等抽取合并而成（Hettne et al.，2009）
实验仪器设备词典	从实验因素本体（Experimental Factor Ontology，EFO）及维基百科中获取
基因与蛋白质词典	NCBI 提供的恩特（Entrz）基因数据库（http://www.ncbi.nlm.nih.gov/gene）
触发动词词典	利用语义标注与同现的方法获取的特殊动词，包括植物组织抽取特征动词、实验处理特征动词

5.3　植物学基因表达实验数据中命名实体的抽取技术研究

5.3.1　基因的识别

现有的各种基因命名实体的识别方法存在各自不同的优缺点，基因命名实体的识别是实现内参基因抽取的重要基础，为了提高识别的准确率和召回率，本书使用基于词典匹配和机器学习方法相结合的识别策略，并对同义词现象做出处理。

首先根据已有的基因信息数据库构建不同物种的基因名词典，利用高效的字符串匹配算法去识别文本内的基因名。同时利用 CRF 模型方法训练生物医学语料，得到用来识别基因名的模型，利用模型再次识别文本内的基因名。在综合比较和使用了几种常用基因命名实体识别工具后，根据本书研究的实际需要，选择了 Banner 应用到本书的基因实体识别部分。将词典识别的基因名与机器学习方法识别的基因名进行合并，筛选出最终从文本识别的基因名，并将这些基因名标准化地映射到基因信息数据库内唯一的标识（Identification，ID）。

5.3.2　内参基因的抽取规则

内参基因选取的句子相对有规律可循，本书利用基于规则的方式进行内参基因的抽取。首先利用基因命名实体识别技术工具识别出含有基因名称的句子。

人工筛选标注出内参基因表示的触发动词，如校正、标准化、选定、选取、以……为等，在此基础上归纳句子模式，利用手工建立的抽取规则进行进一步筛选，以确定 RT-qPCR 实验所用的内参基因。表 5-3 为利用训练数据构建的内参基因抽取规则样例表。

表 5-3　内参基因抽取规则样例表

序号	抽取规则	语法特征
1	Housekeeping/reference/loading control/internal gene（基因名）	同位结构
2	基因名 as control/reference/internal/standard/experiment gene	并列结构
3	Under the control/normalization/standardization of 基因名	从句结构
4	基因名 be normalized/standardized to	主谓结构
…	…	…

为了降低由句法规则筛选所产生的误差，本书采用 Standford Parser 对句法分析结果进行依存分析，基因实体与特征触发词必须存在直接的依存关系。

5.3.3 植物组织的抽取

不同的实验采用不同的植物组织器官部位作为基因获取的来源。植物组织器官抽取的句子通常要满足以下三个条件。

（1）含有植物组织器官的名称。

（2）含有特定的触发动词，如“extract”“harvest”等。

（3）植物组织器官名称与触发动词存在主谓或谓-宾的依存关系。

NP {Plant_Tissue} Trigger_Verb

NP Trigger_Verb Prep NP{Plant_Tissue}

例如：Root at different stages of panicle and seed development was harvested from field-grown rice plants（Oryzasativa ssp. Indica var. IR64）according to Ray et al.

句子中存在 root、panicle 及 seed 三个组织器官名称，但与触发动词 harvest 有依存关系的只有 root。因此，本书根据植物组织器官抽取的需要，从 PO 及 UMLS 词表中抽取表达植物组织器官的相关词汇，构建植物组织词典，共计 1335 个条目（Entries）。通过植物组织器官语料与通用语料的对比筛选出特征动词，利用 Stanford Parser 进行依存关系分析，最终得到被抽取的组织器官名称。

5.4 植物生长发育时期的抽取

5.4.1 生长发育时期的定义

生长发育时期通常指种子萌发到新种子成熟的生长发育过程。通过对训练数据的人工标注，总结出有关生长发育时期的描述遵循一定的规则。

（1）时间点型时间作为定语来表达作物生长发育。通常作物的生长发育都是以介词短语的形式存在，作为作物组织器官的定语存在于句子中。例如，The leaves of two-week-old seedlings were harvest for the experiment.

（2）时段型时间短语或从句作状语来描述生长发育时期。生长发育时期作为时间短语以介词词组的方式存在于句子中，如 at、until、when、after 等。例如，at 30 to 40 days after germination.

需要根据时间实体的特点以及上下文语境信息建立植物生长发育实体的抽取规则。

（1）包含数字、时间单位的三段式规则。实体呈现出"＜1＞—＜2＞—＜3＞"的形态。其中"＜1＞"为数字（CD），包括阿拉伯数字形态和单词数字形态的数字。"＜2＞"表示时间单位的名词（NN），如 day、week、month、year 等，"＜3＞"是单词 old。

（2）包含数字、植物组成结构部分的三段式规则。实体呈现出"＜1＞—＜2＞—＜3＞"的形态。其中"＜1＞"为数字（CD），包括阿拉伯数字形态和单词数字形态的数字。"＜2＞"表示植物组成结构部分名词（NN），如 leaf、growth 等，"＜3＞"是单词 stage。

（3）包含植物生长发育阶段的两段式规则。实体呈现出"＜1＞—＜2＞"的形态。其中"＜1＞"表示植物生长发育阶段名词（NN），如 booting、flowering、booting、tillering 等，"＜2＞"是单词 stage 或 stages。由介词引出，如 at、after 等。并可以介词短语结尾，如 before flowering 等。

5.4.2　抽取算法

首先对植物生长发育实体进行人工标注，通过统计分析总结植物生长发育实体的特征和上下文环境特点，为建立 CRF 的特征函数和抽取规则提供依据。考虑到识别的准确率和召回率，本书采取基于 CRF 和规则的混合策略进行植物生长发育实体的识别。首先对文本进行预处理，包括篇章文本断句、词性标注、特征添加。使用 GENIA Tagger（http://www.nactem.ac.uk/GENIA/tagger/）对语料进行断句和词性标注处理，保证断句及其词性标注信息的准确性。其次通过对特征文本的统计分析，建立 CRF 抽取的特征模板和特征函数集，对训练语料进行机器学习，进而对待抽取文本进行实体识别。然后根据事先已经建立好的抽取规则对机器识别后的文本进行模式匹配。最后输出由 CRF 模板和规则判定成功的实体。

CRF 是一种基于统计的无向图模型，它定义了在给定观察序列条件下，计算整个标注序列的单一联合概率分布。植物生长发育时期识别问题可以归结为序列标注问题，其任务是在给定观察序列 X 的条件下，估计产生标注序列 Y 的条件概率有多大。

例如，输入序列为

X= {flag, leaves, from, 5, days, after, flowering}

对应的标注序列为

Y= {O, O, O, B-PDS, I-PDS, I-PDS, I-PDS}

对于输入序列 X 和标记序列 Y，定义一个 CRF 模型如下：

$$p(y \mid x)=\frac{1}{Z(x)}\exp\left(\sum_{i}^{n}\sum_{k}\lambda_k f_k(y_{i-1},y_i,x)\right)$$

其中，$Z(x)$是归一化因子；n 是给定词序列的长度；$f_k(y_{i-1},y_i,x)$是特征函数，既可以表示无向图边的转移特征 $e(y_{i-1},y_i,x)$，也可以表示节点的状态特征；λ_k 是第 k 个特征函数的权重系数。所使用的特征函数如表 5-4 所示。

表 5-4　植物生长发育时期抽取特征表

特征	特征说明
词性特征	当前词的词性
词典特征	当前词是否为时间词，如 week（w，wk）、hour（h）、month（m）、day（d）等
	当前词是否为事件词典中的词
	当前词是否为左边界词，如 for、after、at 等
	当前词是否为特征词，如 old、stage 等
	当前词是否为特征修饰词，如 booting、flowering、booting、tillering
位置特征	当前词是否句首
	当前词是否句尾

5.5　科学实验环境的抽取

生物实验条件涉及水、温度、光照、化学处理等多种因素。为了能够全面、准确地描述实验条件，本书整合了 EO（Environment Ontology）、TO（Trait Ontology）及相关的百科辞典，建立实验条件分类表对实验条件进行归类。同时，利用同现的特征抽取方法，抽取特征词建立类目——常用关键词对应表，描述了该实验条件针对的主要关键词（表 5-5），以此作为实验条件类别判断的依据。

依据实验条件分类表对训练数据进行人工标注。为了得到更好的预测结果，本书对特征抽取进行了优化选择。通过对实验条件文本的特征词统计分析，发现涉及的因素有不同的语义实体、数词、量词及触发动词。关于语义实体的定义我们通过实验条件分类表进行界定，分为植物/组织器官类型、环境因子类型、化学物质类型、度量单位类型、实验设备类型、触发词等六大类。

在实验处理中，有些特征词具有极强的类别表达能力，我们称为领域专类词，它们的专指性强、区别度高，能将领域的详细特征区分开来，例如，某些植物激素、各种光处理技术。在本书中，通过设置最小支持度和可信度，辅助人工筛选，将这些具有极强区分能力的特征词抽取出来，作为规则进行分类识别。

表 5-5　实验条件分类表（节选）

类别	关键词
化学胁迫	salicylic acid（SA）；ethylene；gibberellins；auxins；Zt；Kt；jasmonic acid（JA）
植物激素	abscisic acid（ABA）、GA3、IAA；NAA；IBA；2, 4-D；cytokinins
盐胁迫	NaCl；salt；stress；salinity treatment
除草剂	herbicide；norflurazon；prometryn；alachlor；butachlor；atrazine
高温胁迫	high temperature stress；heat stress
低温胁迫	low temperature stress；chilling stress；cold stress
干旱胁迫	drought stress
干燥胁迫	desiccation stress
脱水胁迫	dehydration stress
主要元素	N、P、K、Na、Ca、Mg
微量元素	Fe、Zn、Mn、Cu、B…iron starvation/iron feed/$FeSO_4$/trisodium citrate；Pi deficiency；nitrogen deficient; NH_4NO_3; phosphorus deficient/$ZnSO_4$ or Fe-EDTA/ Zn- or Fe-deficiency treatment

采用 SVM 方法作为实验条件判断的分类算法。SVM 是文本挖掘方面性能最为优良的分类算法之一。首先对待判定句子进行词性分析、句法分析，利用实验条件分类表对句子进行语义实体抽取，建立句子的特征描述向量，利用 SVM 方法对训练数据进行训练，构建最佳分类器，描述分类特征和类别之间的归属关系，然后利用这个分类器对新来的数据进行分类判断。采用开源工具 LibSVM 来实现整个分类过程，该工具包是一个操作简单、易于使用、快速有效的通用 SVM 软件包，可以有效地解决多类问题，如交叉验证选择参数、对不平衡样本加权、多类问题的概率估计等，它提供了各种语言的接口，可以方便地在 Windows 或 UNIX 平台下使用。关于核函数的选取，我们采用了 RBF（Radical Basis Function）核函数来进行计算：

$$k(x,y)=e^{-\gamma\|x-y\|^2}$$

采用交叉验证选取最佳参数惩罚系数 C 和 RBF 核函数的系数 γ，进而对整个训练集进行训练获取 SVM 模型，最后利用获取的模型对新文本进行是否属于实验条件的分类预测。

5.6 抽取结果的测评

实验测评主要是利用PMC数据库中与RT-qPCR相关的文献作为实验数据进行各种抽取指标测试，从PMC中下载拟南芥、棉花和水稻三种常用的植物为研究对象，以RT-qPCR为实验手段之一的研究论文2746篇，抽取其中的内参基因及应用环境并对结果进行分析，利用图5-1的方法流程，抽取论文中的内参基因及其实验条件，采用人工方式对抽取的结果进行了有效性评价，获得1736条内参基因及其使用环境的数据，得到了专业研究人员的认可。本书采用信息检索领域的准确率（*P*）、召回率（*R*）及*F*值三项指标对抽取结果进行测评。其中，准确率为抽取出的正确信息数量占抽取出的信息总数的比例；召回率为抽取出的正确信息数量占测试集中标注出的正确信息总数的比例。

1. 内参基因抽取测试

内参基因识别的准确率测试主要是测试系统从文本中识别出内参基因所在句子的能力，主要受到基因命名实体识别准确率和抽取规则的影响。表5-6数据的第一行是内参基因抽取情况，第二行是在基因已经被正确识别出的前提下进行内参基因识别的结果，识别的准确率较高。两组数据的差别主要在于基因的识别情况，ANER系统将很多仪器名称、化合物及物种名称等错误地识别为基因及蛋白质名称，导致准确率偏低。

表5-6 内参基因识别结果

识别方法	*P*	*R*	*F*
混合识别	38%	89%	64%
内参识别	66%	89%	78%

2. 组织抽取测试

植物的组织器官的描述有固定的词汇，因此植物组织器官的抽取得到比较令人满意的结果。表5-7中显示加入组织器官与触发动词的依存关系约束后会增强组织器官的抽取效果。

表5-7 植物组织抽取结果

抽取方法	*P*	*R*	*F*
植物组织＋触发动词	78%	85%	82%
植物组织＋触发动词＋依存关系	96.5%	90%	93%

3. 发育时期测试

在本书中，发育时期的抽取，我们选取了词特征（Term）、词性特征（Part-of-Speech Tagging，POS Tagging）和左边界词特征（Left Border Term，LBd）、提及中心词特征（Head）作为特征函数。考虑到植物生长发育时期的描述具有一定的规则约束，因此，为了提高召回率，设置了如下的抽取规则进行约束。

（1）包含数字、时间单位的三段式规则。实体呈现“＜1＞—＜2＞—＜old＞”的形态。其中“＜1＞”为数字（CD），包括阿拉伯数字形态和单词数字形态的数字。“＜2＞”表示时间单位的名词（NN），如 day、week、month、year 等。

（2）包含数字、植物组成结构部分的三段式规则。实体呈现出“＜1＞—＜2＞—＜stage＞”的形态。其中“＜1＞”为数字（CD），包括阿拉伯数字形态和单词数字形态的数字。“＜2＞”表示植物组成结构部分名词（NN），如 leaf、growth 等。

（3）包含植物生长发育阶段的两段式规则。实体呈现“＜1＞—＜stage（s）＞”的形态。其中“＜1＞”表示植物生长发育阶段名词（NN），如 booting、flowering、booting、tillering 等。

从表 5-8 的实验结果可以看出，利用 CRF 模型从文本中抽取植物生长发育时期能够取得较好的效果，随着特征集的增加，识别效率有所提高。其中 POS 词性特征对识别准确率的提高起到了重要的作用。规则的加入提升了召回率，降低了准确率，这主要是由于缺乏句法约束，使得含有词“stage”的部分实体在文中不表示时间概念被误选。

表 5-8　不同特征函数的植物生长发育时期抽取结果

不同的特征筛选方法	*P*	*R*	*F*
Term	78.57%	40.00%	53.01%
Term + POS	81.69%	52.73%	64.09%
Term + POS + LBd	82.43%	55.45%	66.30%
Term + POS + Head	88.10%	67.27%	76.29%
Term + POS + LBd + Head	89.29%	68.18%	77.32%
Term + POS + LBd + Head + rule	82.05%	87.27%	84.58%

4. 实验环境抽取测试

影响实验环境抽取的主要因素是特征选择，本书设置了三种特征筛选方案：将所有的关键词作为特征向量进行抽取，将特征向量按照实体划分为七个大类进行抽取，将类目进行粗分类进而利用规则细分三种不同的特征选择方法得到的抽取结果见表 5-9。关键词数量的庞大造成数据的稀疏，使得不加处理的特征选择方法得到的结果偏低。造成召回率偏低的主要原因是实体的标注召回率较低。以化合物的抽取为例，标注的准确率为 83%，召回率为 60%。因此，在训练数据有限的前提下，进一步提高各种领域词典收词的完备性，是提高实验环境抽取的有效措施之一。

表 5-9　实验环境抽取测评结果

方法	*P*	*R*	*F*
SVM	39.81%	25.40%	37.61%
SVM 实体	56.32%	39.34%	47.83%
SVM 规则	71.19%	62.93%	67.06%

第 6 章　基于关联数据的科学数据组织模式研究

关联数据作为一种新的数据交换和表示的语义网技术，能够将网络上的非结构化及异构数据转换为机器可处理、可理解的统一标准的结构化数据，为科学实验数据的组织提供了良好的基础。本书以植物学基因表达实验数据组织为例，探索基于关联数据实现对相关实验数据的组织和利用。通过对相关的科学实验描述本体的复用和扩展，构建以科学实验描述本体为基础的动态开放的科学数据组织模式。该模式以 RDF 格式存储科学实验相关元数据，深入挖掘和揭示科学数据中各类资源对象的语义内涵与关联关系，并将其相关的科研机构、文献数据库及科研成果等外部信息进行有效语义关联。

6.1　基于关联数据的科学数据组织模式的设计

本书在关联数据概念模型的基础上，通过本体建立形式化描述框架，并利用 RDF 描述特征，在 RDF 的基础上通过本体映射和互操作，实现语义互联关系的搭建（林海青等，2012）。根据关联数据的概念模型，针对科学实验数据组织的特点，设计了一个基于关联数据的植物学基因表达实验数据的资源描述及语义组织模式，其核心是采用前期建立的科学实验描述元数据方案，利用 RDF 对相关资源进行描述，并以科学实验描述本体为基础，实现科学数据的语义互联。该框架具有四个层次：数据抽取层、数据描述层、数据关联层和数据应用层。其核心是 RDF 语义元数据的构建与关联。该模式（图 6-1）以科学实验数据描述本体为基础，对植物学基因表达实验数据及相关信息资源进行语义化描述，继而采用关联数据的形式对数据进行存储和表示，并提供统一的数据访问机制，实现异构的科学实验数据的组织。

（1）数据抽取层。本书前期对水稻、园艺等相关植物学研究的专业研究人员进行了访谈，将访谈内容进行整理、融合，制定了初步的植物学基因表达实验元数据方案。在此基础上采用德尔菲法对植物学基因表达实验元数据方案打分、筛选、增加，最终构建了基于科研人员的实际需求和现实要求的植物学基因表达实验元数据模型。同时，基于同一元数据标准组织基因表达实验数据，便于同行专家对数据的理解、交流与复用；同时消除不同物种同一实验原理的实验数据的交流壁垒（常颖聪和何琳，2015）。

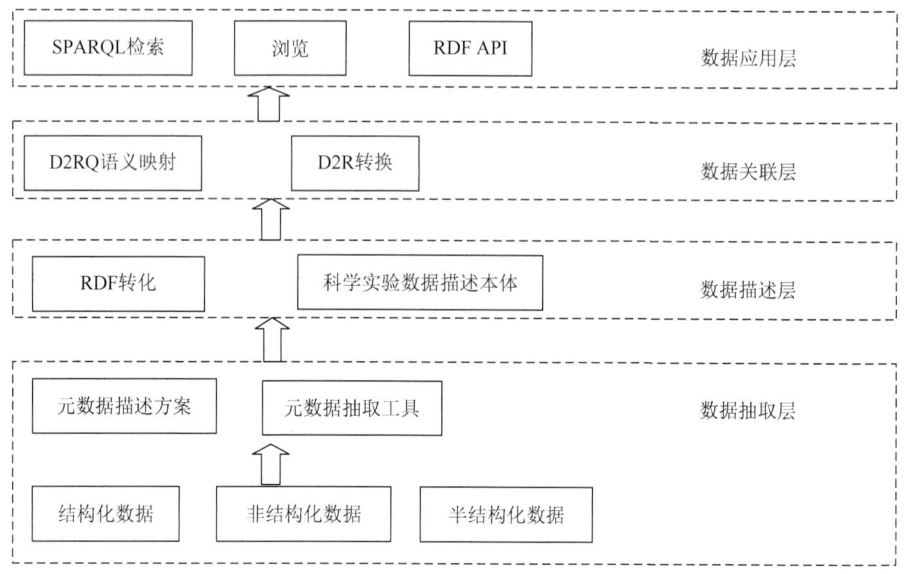

图 6-1　基于关联数据的科学数据组织模式

（2）数据描述层。在植物学基因表达实验元数据模型的基础上，对元数据及其属性进行了详细定义和描述，实现了元数据字段间的语义关联。在本体的构建中，考察了已有元数据集和相关本体，对可复用的本体描述词汇予以复用，并建立新词汇的定义，构建了一个完整的植物学基因表达实验本体。本体采用 RDF 描述语言作为对实例描述的语言规范，为下面的关联数据提供理论支撑。

（3）数据关联层。该层的主要功能是根据上面已经建立的科学实验数据元数据描述模型，以人工和计算机自动抽取相结合的方式从文本中获取相关元数据，同时建立科学实验数据关联模型，抽取与之相关的科研机构、科研人员、科研成果等相关数据。将获取的数据利用科学实验数据描述本体中的语义关系进行约束，规范化地将数据存储在关系数据库中并通过构建映射文件完成源数据的语义化描述及 RDF 格式转换，并利用 D2R 完成关联数据的发布。

（4）数据应用层。该层实现以关联数据为基础的科学数据的统一浏览、检索及其他知识服务。数据应用层借助关联技术等多种技术手段，建立 RDF 属性之间的关联，实现科学数据中知识对象的关联、集成和可视化表示。利用这些关联数据，就可以把蕴含在科学数据中的知识单元进行深层挖掘、辨识、揭示和集成，为科研人员提供更加精确的、智能的查询结果。

6.2　植物学基因表达实验本体的设计与构建

6.2.1　本体类的设计

在第 4 章中，本书通过专家访谈、德尔菲法构建的基因表达实验数据元数据集来对基因表达实验进行客观描述，为实现实验数据资源的语义融合，需要在元数据的基础上构建植物学基因表达实验本体。在该本体中，定义基因表达实验元数据的属性、不同元数据间的语义关系，利用 OWL 本体描述语义实现元数据的形式化描述，从而将基因表达实验数据元数据集转换成统一的以 RDF 格式表示的语义元数据集，进而为下面的实验数据关联、互操作奠定基础。

本书采用 Protégé 4.3.0 本体编辑器手工构建本体，具体见图 6-2，定义前缀为 GEEO。经过筛选，复用了 EXPO、CSMD、CSMO、BIBO、研究社区语义网络（Semantic Web for Research Communities，SWRC）、DC 及 FOAF 的 37 个类和属性。在复用已有本体的基础上，本书重新定义了 32 个新的类（表 6-1）和属性（表 6-2）以满足植物学基因表达实验数据组织的需要。

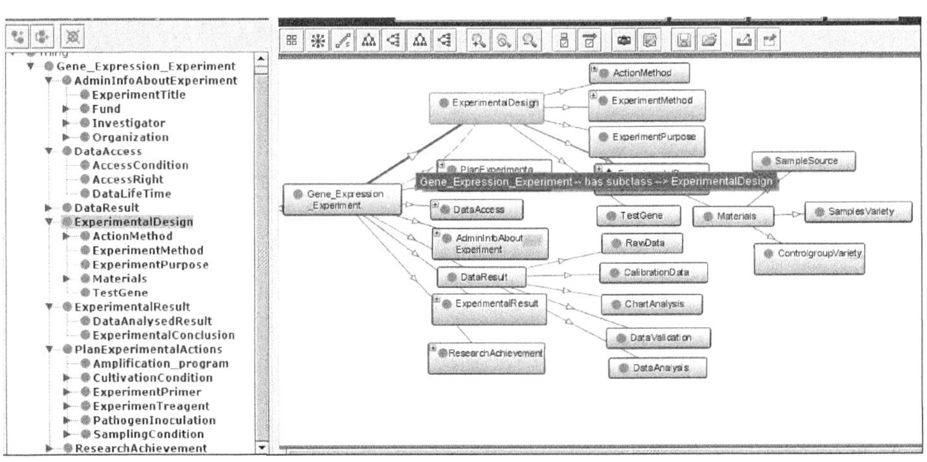

图 6-2　Protégé 4.3.0 中对基因表达实验数据类结构的定义

表 6-1　基因表达实验本体自建类名

元数据名称	本体类名	元数据名称	本体类名
取样条件	SamplingCondition	科研成果	ResearchAchievement

续表

元数据名称	本体类名	元数据名称	本体类名
培养条件	CultivationCondition	数据访问	DataAcess
实验引物	ExperimentPrimer	通信作者	CorrespondingAuthor
实验试剂	ExperimentReagent	基金来源	Fund
病原接种	PathogenInoculation	扩增程序	AmplificationProgram

表 6-2　基因表达实验本体自建对象属性

属性名	属性描述	属性名	属性描述
ExperimentPrimer	实验引物	ReagentName	试剂名称
ExperimentReagent	实验试剂	BiologicalStress	生物胁迫
PathogenInoculation	病原接种	PathogenName	病原名称
CultivationCondition	培养条件	PathogenSource	病原来源
SamplingCondition	取样条件	InoculationTime	接种时间
SampleVariety	样本品种	ExperimentalGroupCultivationCondition	实验组培养条件
ControlGroupVariety	对照样本品种	TheControlGroupCultivationCondition	对照组培养条件
SampleSource	样本来源	ExperimentalGroupSamplingLocation	实验组取样部位
TestGene	测试基因	TheControlGroupSamplingLocation	对照组取样部位
AbioticStress	非生物胁迫	ExperimentalGroupSamplingTime	实验组取样时间
ReagentConcentration	试剂浓度	TheControlGroupSamplingTime	对照组取样时间

6.2.2　本体属性的设计

领域知识不同类之间存在不同的层次结构、关系，在构建本体过程中，通过定义不同类的属性可以完整地描述类所具有的信息及类与类之间的语义关系。在本体语言中，主要分为对象属性（Object Property）和数据属性（Data Property），对象属性用于描述两个类之间的语义关系，定义属性的定义域（Domain）和值域（Range），数据属性用来描述类的自身特点，如字符串类型、数值类型、时间类型等，可以定义日期、姓名、地址等信息（何琳，2007）。

在基因表达实验本体中，对象属性和数据属性是普遍存在的，如图 6-3 所示，以实验设计、实验结果两个类为例，实验设计有实验目的、实验方法、测试基因、实验异常处理类型等属性，实验结果有数据分析结果、实验结论两个属性，其中实验目的、实验方法、测试基因、数据分析结果和实验结论属性的属性值为字面量值，此类属性则为数据属性，而在实验设计中实验异常处理类型属性对应的为另一实体，具有生物胁迫、非生物胁迫属性，此类属性为对象属性，且定义域、值域分别为实验设计、实验异常处理类型。Protégé 可以方便、清晰地定义基因表达本体中的不同类型属性，指定属性对应的定义域、值域等信息，如图 6-4 显示在 Protégé 中对 hasDesign 的定义，Domains、Ranges 清楚地定义了对象属性 hasDesign 的定义域与值域分别为 Gene_Expression_Experiment、ExperimentalDesign。

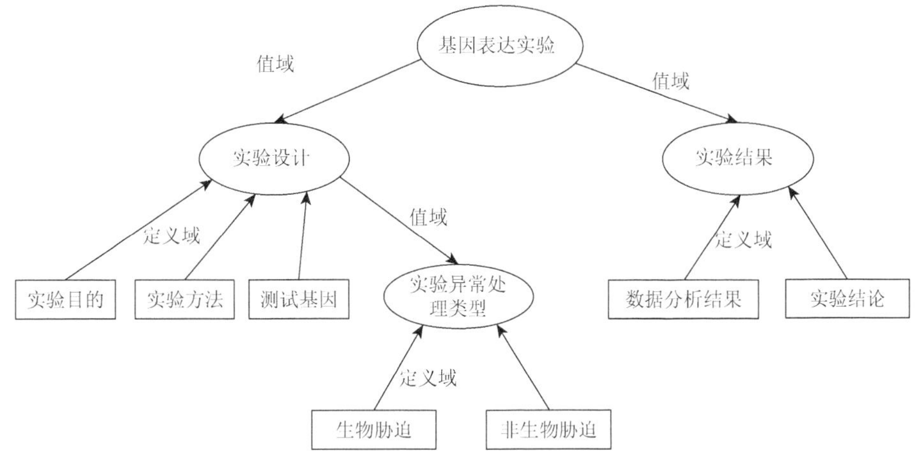

图 6-3 基因表达实验属性结构示意图（部分）

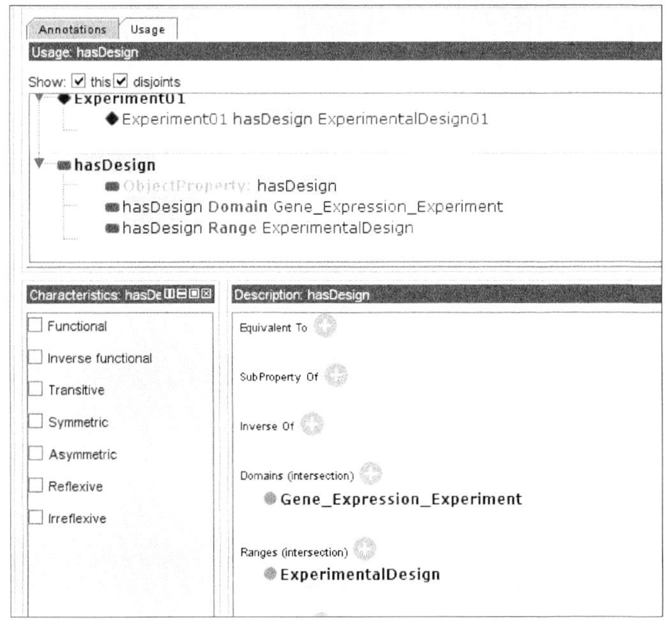

图 6-4 Protégé 对象属性定义示例

6.2.3　本体描述词汇的选择

本体具有可共享、可复用性，通过使用相同的描述词汇、语义关系组织数据集，可以实现不同系统、应用程序对同一数据集的正确理解和解读，减小语义障碍，便于科学数据的共建共享及互操作，因此考查可复用的本体是本体构建的重要步骤，在某些情况下，已存在的词汇不足以满足描述需求或者没有可复用的词汇，需要通过构建新词汇满足描述需求。

1. 复用已有词汇

本体的复用包括类和属性的复用，复用时应遵循以下标准：①使用和吸收，考虑复用的词汇是否已被广泛使用，使用该词汇能否保证科学数据集与现有的公开数据、关联数据的语义关联；②维护和管理，考虑复用的词汇是否能够保证清晰管理和维护过程；③覆盖性，考虑复用的词汇语义是否能够覆盖足够多的数据集，满足本体本身的领域通用性；④表现性，考虑复用的词汇能否适当地表现数据集（刘文斌，2013）。本书完成了已有科学实验本体、元数据集的调研和复用，类、属性复用标准分别见表 6-3、表 6-4。

表 6-3　植物学基因表达实验本体类名复用标准

复用本体/元数据	复用标准	对应元数据
EXPO	EXPO: ExperimentalDesign	实验设计
	EXPO: ActionMethod	异常处理类型
	EXPO: Materials	实验材料
	EXPO: planExperimentalActions	实验操作
	EXPO: ExperimentalResult	实验结果
	EXPO: AdminInfoAboutExperiment	实验管理信息
CSMD	CSMD: AccessRights	访问权限
	CSMD: DataLifetime	有效日期
	CSMD: AccessCondition	获取方式
	CSMD: DataLocation	数据存储位置
CSMO	CSMO: DataResult	数据处理结果
	CSMO: Investigator	实验操作员
BIBO	BIBO: Article	科学论文
	BIBO: Journal	发表期刊
DC	DC: Format	数据格式
FOAF	foaf: Organization	实验参与单位

表 6-4　植物学基因表达实验本体属性复用标准

复用本体/元数据	复用标准	属性说明	属性类型
EXPO	EXPO: hasResult	实验结果	Object Property
	EXPO: hasDesign	实验设计	Object Property
	EXPO: hasExperimentalMaterials	实验材料	Object Property
	EXPO: hasAdminInfo	实验管理信息	Object Property
	EXPO: ExperimentalTittle	实验名称	Data Property
	EXPO: hasExperimentalGoal	实验目的	Data Property
DC	DC: hasPart	描述整体与部分的关系	Object Property
	DC: hasFormat	数据格式	Data Property
	DC: Publisher	出版商名称	Data Property
	DC: Abstract	摘要	Data Property
FOAF	foaf: Publication	出版物（科研成果）	Object Property
	foaf: Phone	电话	Data Property
	foaf: HomePage	数据预览网址	Data Property
BIBO	BIBO: Pages	页码	Data Property
	BIBO: Website	数据下载网址	Data Property
	BIBO: DOI	DOI 号	Data Property
	BIBO: Issue	卷期	Data Property
VIVO	VIVO: Email	邮箱	Data Property
	VIVO: Phonenumber	电话	Data Property
SWRC	SWRC: Keyword	关键词	Data Property
	SWRC: Address	地址	Data Property

其中，EXPO、CSMD、CSMO、DC 在上面已经进行了介绍，BIBO 为文档分类本体，主要用于描述语义网中以 RDF 形式存在的书目资源，定义了包括期刊、学位论文在内的 69 个类，以及 52 个对象属性、54 个数据属性。FOAF 是由 Libby Miller 等构建的朋友本体，使用 RDF、OWL 语言，主要用于描述人及其姓名、电子邮件等基本特性，以及个人及其活动、与他人的关系等。在 FOAF 语义描述框架规范中，规定了一系列类和属性的词汇，用于描述人员、组织、团队等信息。VIVO（https://duraspace.org/vivo/）是由康奈尔大学、佛罗里达大学、印第安纳大学等七所大学、科研机构共同开发的科研本体，目的是构建一个开放的、跨学科、跨领域的科研网络化合作系统，包括对科研人员、学生活动、学术机构等信息的聚合与导航，且支持领域知识的管理、创建、关联发现和检索。SWRC 本体是用

于描述与特定研究社区有密切关系的各类实体及其之间相互关系的本体模型，包括 person（人物）、event（事件）、organization（组织）、topic（主题）等概念。

2. 定义新词汇

当已有本体词汇不能满足科学数据描述需求时，需要定义新的词汇完成本体构建。定义新词汇需要注意以下几个方面：①定义新词汇的目的是补充现有词汇，而不是重新改造现有词汇；②新词汇需要定义在所能控制的命名空间中；③新词汇可以通过 RDF、RDFS 等与现有词汇关联起来；④以人性化的标签和注释来定义每一个词汇；⑤定义有用的资源。

本书通过 Protégé 完成了类名、对象属性、数据属性的定义（表 6-5、表 6-6、表 6-7），新词汇定义前缀统一表示为 GEEO。

表 6-5　GEEO 自建类名

元数据名称	本体类名	元数据名称	本体类名
取样条件	SamplingCondition	科研成果	ResearchAchievement
培养条件	CultivationCondition	数据访问	DataAcess
实验引物	ExperimentPrimer	通信作者	CorrespondingAuthor
实验试剂	ExperimentReagent	基金来源	Fund
病原接种	PathogenInoculation	扩增程序	AmplificationProgram

表 6-6　GEEO 自建对象属性

属性名称	属性说明	属性类型
ExperimentPrimer	实验引物	Object Property
ExperimentReagent	实验试剂	
PathogenInoculation	病原接种	
CultivationCondition	培养条件	
SamplingCondition	取样条件	

表 6-7　GEEO 自建数据属性

属性名称	属性说明	属性类型
SampleVariety	实验样本品种	Data Property
ControlGroupVariety	对照样本品种	
SampleSource	样本来源	
TestGene	测试基因	

续表

属性名称	属性说明	属性类型
AbioticStress	非生物胁迫	Data Property
ExperimentalGroupCultivationCondition	实验组培养条件	
TheControlGroupCultivationCondition	对照组培养条件	
ExperimentalGroupSamplingLocation	实验组取样部位	
ExperimentalGroupSamplingTime	实验组取样时间	
TheControlGroupSamplingLocation	对照组取样部位	
TheControlGroupSamplingTime	对照组取样时间	
ReagentName	试剂名称	
ReagentConcentration	试剂浓度	
BiologicalStress	生物胁迫	
PathogenName	病原名称	
PathogenSource	病原来源	
InoculationTime	接种时间	

6.3　植物学基因表达实验数据语义关联模型的构建

6.3.1　植物学基因表达实验数据语义关联模型的构建方法

关联数据构建主要将从不同数据来源中抽取的各类实验数据进行语义化描述并且把这些数据转化为 RDF 三元组格式，以便支持语义组织和语义查询。植物学基因表达实验本体为实验数据实体及不同实体间的语义关系、属性提供了规范化的描述标准。图 6-5 显示了关联数据中涉及的关联实体及实体间的关系，不同实体间存在直接或间接的语义关系，实线表示直接关系可通过 URI 直接链接访问，虚线则为间接语义关系，所有的关联关系均通过植物基因表达实验本体中构建的属性关系实现。

本书利用当前广泛采用的 D2R 完成关联数据的构建。D2R 方法的核心思想是利用 n3 格式的 Mapping 文件启动 D2R Server，通过 Mapping 语言完成关系型数据库向 RDF 格式数据的转换与访问、关系数据库中表到关联数据类的映射和转换以及本地数据与 Web 资源，如 PubMed、PubChem 等外部资源的语义关联。

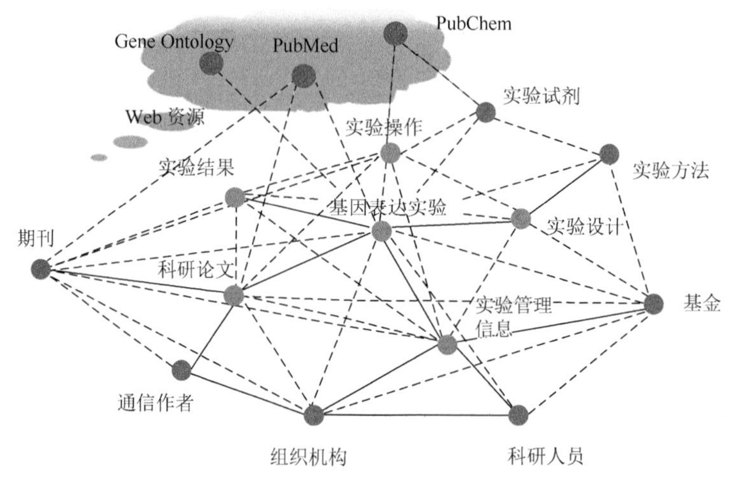

图 6-5　科学实验数据实体关联关系示意图

6.3.2　植物学基因表达实验数据的语义化描述

基因表达实验本体提供了完整的基因表达实验数据组织的语义模型，根据语义模型将实验数据集转换为 RDF 格式数据，首先是实现对象实例与相应类别的绑定，利用 Protégé 为对象实例添加 rdf: type。关联数据思想中属性和类之间没有特定的依存关系，因此，在对象实例绑定类别后仍旧需要为其指定所具有的属性和属性值（刘文斌，2013）。如图 6-6 所示，利用 Protégé 分别构建实例 Experiment01、AdminIFO01、ExperimentalDesign01、ExperimentalMethod01、Fund01，继而实例 Experiment01 通过 Type 与 Gene_Expression_Experiment 类进行绑定，通过属性 hasDesign、hasAdminInfo 分别与实例 ExperimentalDesign01、AdminIFO01 建立语义关联。实例 AdminIFO01 具有数据属性 Organization——“生物农药与化学生物学教育部重点实验室”、ExperimentalTittle——“低钾胁迫对水稻化感潜力变化的影响”，以及对象属性 Fund01，实现了对象实例与类、属性的绑定。

通过 Protégé 实现科学实数据与类、属性的绑定，可以将实验数据转化为 RDF 描述语言，上面实例 Experiment01 RDF 语言描述规范见图 6-7，rdf: resource 表示本体中的类，rdf: type 实现数据与类的映射，分别用＜属性名属性值＞、＜属性名＞属性值＜/属性名＞两种格式表示对象属性和数值属性，如图 6-7 中对 hasDesign 及 hasExperimentalGoal 的定义。

6.3.3　植物学基因表达实验数据语义映射框架

基于 D2RQ 映射规则构建了实验类数据语义描述框架（图 6-8），通过语义描述框架可以清晰地表达出表向类、列向属性及类与类之间的映射关系的实现方式，D2RQ 通过简单、便捷的方式构建了数据语义描述方式。

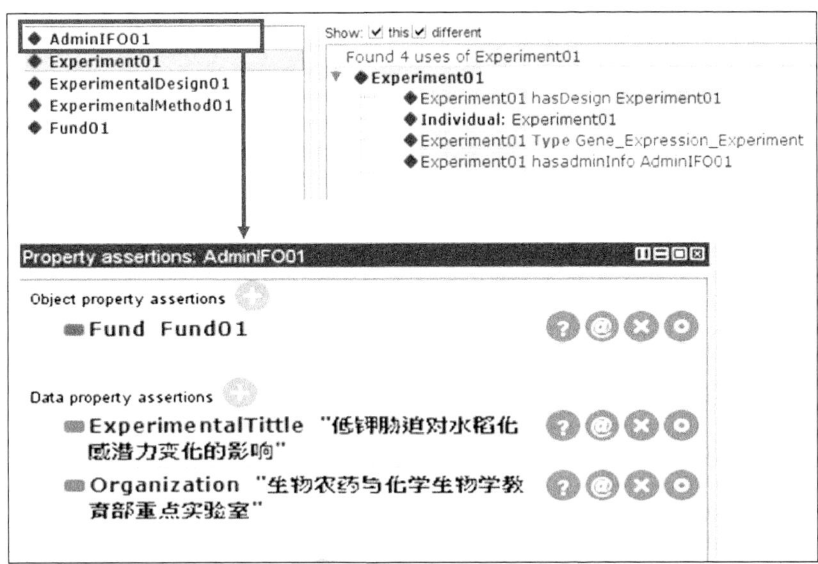

图 6-6 基因表达实验数据类与属性绑定实例

```
<?xml version="1.0"?>
<!DOCTYPE rdf:RDF
 <rdf:RDF
        xmlns:rdfs="http://www.w3.org/2000/01/rdf-schema#"
        xmlns:EXPO="http://www.hozo.jp/owl/EXPO.xml#"
        xmlns:rdf="http://www.w3.org/1999/02/22-rdf-syntax-ns#"
        xmlns:GEEO="http://www.info.njau.edc.cn/CYC/ontology/GEEO#">
<!-- http://www.info.njau.edu.cn/CYC/ontology/GEEO#AdminIFO01 -->
<owl:NamedIndividual rdf:about="http://www.info.njau.edu.cn/CYC/ontology/GEEO#AdminIFO01">
<rdf:type rdf:resource="&EXPO;AdminInfoAboutExperiment"/>
     <EXPO:ExperiemntalTittle>低钾胁迫对水稻化感潜力变化的影响</EXPO:ExperiemntalTittle>
     <Fund rdf:resource="http://www.info.njau.edu.cn/CYC/ontology/GEEO#Fund01"/>
</owl:NamedIndividual>
<!-- http://www.info.njau.edu.cn/CYC/ontology/GEEO#Experiment01 -->
<owl:NamedIndividual rdf:about="http://www.info.njau.edu.cn/CYC/ontology/GEEO#Experiment01">
<rdf:type rdf:resource="http://www.info.njau.edu.cn/CYC/ontology/GEEO#Gene_Expression_Experiment"/>
<hasadminInfo rdf:resource="http://www.info.njau.edu.cn/CYC/ontology/GEEO#AdminIFO01"/>
<hasDesign rdf:resource="http://www.info.njau.edu.cn/CYC/ontology/GEEO#ExperimentalDesign01"/>
</owl:NamedIndividual>
<!-- http://www.info.njau.edu.cn/CYC/ontology/GEEO#ExperimentalDesign01 -->
<owl:NamedIndividual rdf:about="http://www.info.njau.edu.cn/CYC/ontology/GEEO#ExperimentalDesign01">
<rdf:type rdf:resource="&EXPO;ExperimentalDesign"/>
     <EXPO:hasExperimentalGoal>
          研究以国际公认的化感水稻PI312777和非化感水稻Lemont为供体，稗草为受体，采用稻/稗共培体系
          研究低钾胁迫对水稻化感潜力变化的影响及其机制。
     </EXPO:hasExperimentalGoal>
</owl:NamedIndividual>
<!-- http://www.info.njau.edu.cn/CYC/ontology/GEEO#ExperimentalMehod01 -->
<owl:NamedIndividual rdf:about="http://www.info.njau.edu.cn/CYC/ontology/GEEO#ExperimentalMehod01">
<rdf:type rdf:resource="http://www.info.njau.edu.cn/CYC/ontology/GEEO#ExperimentMethod"/>
     <EXPO:ExperimentMethod>氮蓝四唑法</EXPO:ExperimentMethod>
     <EXPO:ExperimentMethod>TTC法</EXPO:ExperimentMethod>
</owl:NamedIndividual>
<!-- http://www.info.njau.edu.cn/CYC/ontology/GEEO#Fund01 -->
<owl:NamedIndividual rdf:about="http://www.info.njau.edu.cn/CYC/ontology/GEEO#Fund01">
<rdf:type rdf:resource="http://www.info.njau.edu.cn/CYC/ontology/GEEO#Fund"/>
    <GEEO:FundID>30671220</GEEO:FundID>
    <GEEO:FundName>国家自然科学基金资助项目</GEEO:FundName>
</owl:NamedIndividual>
</rdf:RDF>
```

图 6-7 基因表达实验数据 OWL/RDF 描述实例

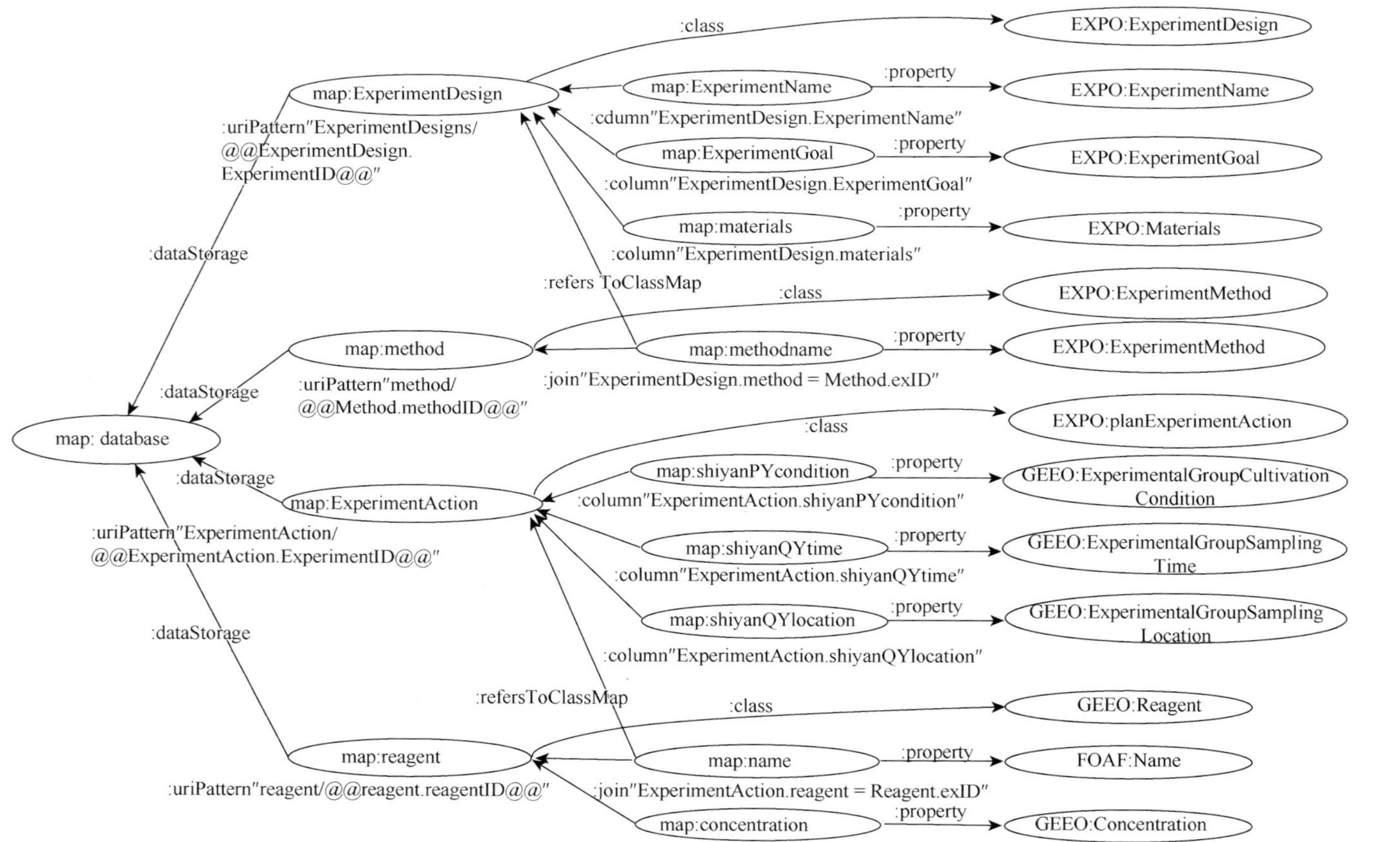

图 6-8　实验类数据语义描述框架

第 7 章　基于关联数据的科学数据组织模式的实现

7.1　植物学基因表达实验关联数据的构建流程

植物学基因表达实验本体为实验数据实体及不同实体间的语义关系、属性提供了规范化描述标准，本书按照“数据获取—关联数据构建—关联数据发布—关联数据访问与调查”四个步骤完成植物学基因表达实验数据关联数据构建（图 7-1）。数据获取阶段为数据集领域的选定、获取和筛选，并按照本体分类、规范化存储在关系数据库中。关联数据构建主要是通过构建映射语言文件完成源数据的语义化描述及关系型数据库数据 RDF 格式转换。关联数据发布则通过执行 D2R Server.bat 脚本，依靠.n3 格式的 Mapping 映射文件启动 D2R Server 的 Web 发布服务，完成关联数据的发布。关联数据访问与调查，主要依靠 D2R Server 提供的 HTML view、RDF view 和 SPARQL EndPoint 三类服务，HTML view 通过映射语言以类的方式浏览关系数据库中的表及表内的数据信息，RDF view 则提供以属性、属性值的 RDF 三元组形式展示关系数据库中的信息，同时 D2R Server 提供 SPARQL 查询入口，实现同属性、同标签数据集的关联性查询，支持语义组织和语义查询。

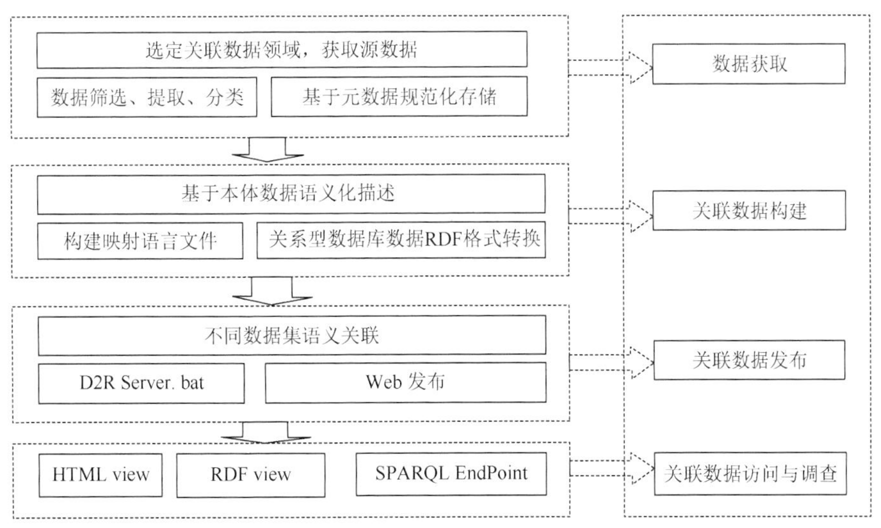

图 7-1　关联数据构建流程

7.2 植物学基因表达实验关联数据的语义映射

7.2.1 类及核心属性的语义映射

实体的映射表现为关系数据库中表与 RDF 类的映射，一个 RDF 类对应一个表，属性则对应表中具体列中的值，根据第 4 章中已构建的植物学基因表达实验本体，可以快速地实现类及属性的语义映射。

1. 类对表的映射

利用 Mapping 语言访问 MySQL，首先需要通过 d2rq:Database 实现数据库链接，类对表的映射主要通过 d2rq:ClassMap 完成，下列部分映射语言分别为表实验设计、实验操作、实验结果、组织机构、实验管理信息分别向类 ExperimentDesign 、 planExperimentAction 、 ExperimentResult 、 Organization 、AdminInformation 映射的 Mapping 语句，其中 map:** a d2rq:ClassMap 表示类映射，**为数据库中表的名称，d2rq:Class***则为表对应类的名称，且由 Mapping 语言可以看出类的名称对应的复用或自建的本体名，如 d2rq:class foaf:Organization 表示 Organization 类名复用于 foaf 本体；d2rq:uriPattern 表示通过 d2rq 对资源对象实例分配有效的 URI，通过该语句为每类资源对象分配 HTTP URI，如 d2rq:uriPattern" ExperimentDesigns/@@ExperimentDesign.ExperimentID@@"，表示为实验设计类中的每一个实例对象配置 URI，且以表 ExperimentDesign 中 ExperimentID 为定位序号。

```
    #Table ExperimentDesign
            map: ExperimentDesign a d2rq: ClassMap;
            d2rq: dataStorage map: Database1;

d2rq:uriPattern"ExperimentDesigns/@@ExperimentDesign.Expe-
                                             rimentID@@";
            d2rq: class EXPO: ExperimentalDesign;
    #Table ExperimentAction
            map: ExperimentAction a d2rq: ClassMap;
            d2rq: dataStorage map: Database1;

d2rq: uriPattern"ExperimentAction/@@ExperimentAction.Expe-
```

```
                                        rimentID@@";
        d2rq: class EXPO: planExperimentAction;
#Table ExperimentResult
        map: ExperimentResult a d2rq: ClassMap;
        d2rq: dataStorage map: Database1;
        d2rq: uriPattern"ExperimentResult/@@Experiment-
                                   Result.exID@@";
        d2rq: class EXPO: ExperimentResult;
#Table Organization
    map: Organization a d2rq: ClassMap;
        d2rq: dataStorage map: Database1;
        d2rq: uriPattern"Organization/@@Organization.
                                           OrgID@@";
        d2rq: class foaf: Organization;
#Table AdminInfo
    map: AdminInfo a d2rq: ClassMap;
        d2rq: dataStorage map: Database1;
        d2rq: uriPattern"AdminInfo/@@AdminInfo.exID@@";
        d2rq: class EXPO: AdminInformation;
```

2. 属性对列的映射

属性对列的映射依据 d2rq:PropertyBridge 语法实现，与关系数据库 MySQL 中某一个表中的列构建对应关系，即对应某个类中的属性。下列 Mapping 映射语句实例列举了 EXPO:ExperimentalGoal、EXPO:Materials、CSMO:DataResult、EXPO:Experimental Result 、 GEEO:ExperimentalGroupSamplingTime 、 GEEO:ExperimentalGroupSampling Location、GEEO:AmplificationProgram 七个属性的映射，其中每个属性映射需要 d2rq:belongsToClassMap 限定该数据所属的类，d2rq:column 表示该属性值存储的关系数据库的列名，通过 d2rq:column 与关系数据库构建访问关系。

```
map: ExperimentDesign_ExperimentalGoal a d2rq: Property-
                                            Bridge;
        d2rq: belongsToClassMap map: ExperimentDesign;
        d2rq: property EXPO: ExperimentalGoal;
        d2rq: column"ExperimentDesign.ExperimentalGoal";
        .
map: ExperimentDesign_Materials a d2rq: PropertyBridge;
```

```
            d2rq: belongsToClassMap map: ExperimentDesign;
            d2rq: property EXPO: Materials;
            d2rq: column"ExperimentDesign.Materials";
            .
map: ExperimentResult_AnalysisResult a d2rq: PropertyBridge;
            d2rq: belongsToClassMap map: ExperimentResult;
            d2rq: property CSMO: DataResult;
            d2rq:column "ExperimentResult.AnalysisResult";
            .
map: ExperimentResult_ExperimentRusult a d2rq: Property
                                                   Bridge;
            d2rq: belongsToClassMap map: ExperimentResult;
            d2rq: property EXPO: ExperimentalResult;
            d2rq: column "ExperimentResult.ExperimentRusult";
            .
map: ExperimentAction_shiyanQYtime a d2rq: PropertyBridge;
            d2rq: belongsToClassMap map: ExperimentAction;
            d2rq:property GEEO:ExperimentalGroupSamplingTime;
            d2rq: column"ExperimentAction.shiyanQYtime";
            .
map: ExperimentAction_shiyanQYlocation a d2rq: Property-
                                                   Bridge;
            d2rq: belongsToClassMap map: ExperimentAction;
            d2rq: property GEEO: ExperimentalGroupSampling-
                                                   Location;
            d2rq: column"ExperimentAction.shiyanQYlocation";
            .
map: ExperimentAction_kuozeng a d2rq: PropertyBridge;
            d2rq: belongsToClassMap map: ExperimentAction;
            d2rq: property GEEO: AmplificationProgram;
            d2rq: column"ExperimentAction.kuozeng";
```

7.2.2　关联关系构建与语义映射

1. 不同类间关联关系构建

不同表之间存在间接或直接的关系，其反映在关联数据中即类与类之间对象关系的表达，如实验试剂为实验设计的对象属性，因此需要在实验设计类和实验试剂类间构建关联关系，即为表 ExperimentDesign 和 Reagent 构建关联，D2R 映射语言通过 d2rq:join 语法实现条件链接。下列 Mapping 映射语句实例列举了实验设计类与实验方法类、实验操作类与实验试剂类、实验管理信息类与组织机构类、实验管理信息类与基金类的语义链接，语义关系为不同类之间的属性关系，如实验设计与实验方法关联语义条件为 EXPO:ExperimentMethod，关联链接实现的条件为 d2rq:join"ExperimentDesign.method = Method.exID"，即当表实验设计中的 method 值与表实验方法中的 exID 相等时，其构建关联。

```
map: ExperimentDesign_method a d2rq: PropertyBridge;
           d2rq: belongsToClassMap map: ExperimentDesign;
           d2rq: property EXPO: ExperimentMethod;
           d2rq: refersToClassMap map: Method;
           d2rq: join"ExperimentDesign.method=Method.exID"
           .
map: ExperimentAction_Reagent a d2rq: PropertyBridge;
           d2rq: belongsToClassMap map: ExperimentAction;
           d2rq: property GEEO: Reagent;
           d2rq: refersToClassMap map: Reagent;
           d2rq: join"ExperimentAction.Reagent = Reagent.
           exID"
           .
map: AdminInfo_exID a d2rq: PropertyBridge;
           d2rq: belongsToClassMap map: AdminInfo;
           d2rq: property foaf: Organization;
           d2rq: refersToClassMap map: Organization;
           d2rq: join"Organization.exID = AdminInfo.exID"
           .
map: Fund_exID a d2rq: PropertyBridge;
           d2rq: belongsToClassMap map: AdminInfo;
```

```
            d2rq: property GEEO: Fund;
            d2rq: refersToClassMap map: Fund;
            d2rq: join"AdminInfo.ExperimentID = Fund.exID"
```

2. 外部资源的关联关系构建

关系数据库中的数据可能与外部 Web 数据存在某种语义关系，如果已知这种关联关系，可以通过映射语言构建与外部资源的映射，从而实现与外部资源的链接和访问。下列 Mapping 映射语句实例列举了本地数据与组织机构主页、期刊论文获取页面、期刊主页及作者邮件语义关联和访问，D2R 映射语言通过 d2rq:uri-Column 设定数据库中对应的列为 URI 属性，显示在关联数据中为可公开访问的有效网址。

```
map: Organizatin_Website a d2rq: PropertyBridge;
        d2rq: belongsToClassMap map: Organization;
        d2rq: property foaf: HomePage;
        d2rq: uriColumn "Organization.Website";
        .
map: Article_Access a d2rq: PropertyBridge;
        d2rq: belongsToClassMap map: Article;
        d2rq: property GEEO: ArticleAccess;
        d2rq: uriColumn"Article.Access";
        .
map: Journal_Website a d2rq: PropertyBridge;
        d2rq: belongsToClassMap map: Journal;
        d2rq: property bibo: Website;
        d2rq: uriColumn"Journal.Website";
```

7.3　植物学基因表达实验关联数据的实现

7.3.1　关联实例概述

图 7-2 即植物学基因表达实验数据关联数据构建与发布访问端口，显示了本书构建的关联数据类，分别为实验管理信息、科研论文、通信作者、实验操作、实验结果等类，点击其中任意类名，可以展示该类下的所有数据信息，如图 7-3 为 AdminInfo 类下的所有数据条目，每一行数据对应一条实验管理信息，同理，

通过点击任意条目可以直接查看该条目的具体信息。图 7-4、图 7-5 分别为实验管理信息、实验设计类下具体条目数据显示页面，其中左侧列 Property 为属性名称，右侧列 Value 为该属性对应的属性值，rdf:type 可以显示该资源类型，如水稻 rbcs 启动子控制的外源基因在转基因水稻中的特异性表达的实验设计资源（rdf:type EXPO:ExperimentalDesign），实验材料为武运粳 8，对照实验材料为武香粳 9，EXPO:ExperimentMethod 和 EXPO:hasDesign 显示了对应的实验方法、实验信息的语义链接。同时，D2R 关联数据显示的任意页面，均支持查看关联数据对应的 RDF 格式数据信息，图 7-4 对应的 RDF 格式数据信息见图 7-6。

D2R Server
Running at http://localhost:8080/

Home | AdminInfo Article CorrespondingAuthor Experiment ExperimentAction ExperimentResult Fund Journal Method Organization Reagent experimentdesign

图 7-2　关联数据访问端

- 水稻胚乳贮藏物代谢相关基因响应花后高温胁迫的微阵列分析
  http://localhost:8080/resource/AdminInfo/1
- 水稻rbcS 启动子控制的外源基因在转基因水稻中的特异性表达
  http://localhost:8080/resource/AdminInfo/2
- "茉莉酸和真菌病原诱导的水稻WRKY30 转录因子 基因的分离及表达特征"实验管理信息
  http://localhost:8080/resource/AdminInfo/3
- "低钾胁迫对水稻(OryzasativaL.)化感潜力变化的影响"
  http://localhost:8080/resource/AdminInfo/4
- "赤霉素(GA3)和脱落酸(ABA)对不同水稻品种生长和生理特性及 GA20 ox2 、GA3ox2 基因表达的影响 "
  http://localhost:8080/resource/AdminInfo/5
- 高温胁迫下水稻胚乳淀粉分支酶各同工型基因的表达特征
  http://localhost:8080/resource/AdminInfo/6
- "水稻条叶枯病毒基因产物在水稻和昆虫 体内的We s t e r n 印迹分析"
  http://localhost:8080/resource/AdminInfo/7
- 低磷胁迫下不同品种水稻秧苗生长的分子生理特性
  http://localhost:8080/resource/AdminInfo/8

图 7-3　实验管理信息类

Home | All AdminInfo

Property	Value
dcterms:Contributor	程方民
dcterms:Contributor	董海涛
dcterms:Contributor	韦克苏
EXPO:ExperimentalTittle	水稻胚乳贮藏物代谢相关基因响应花后高温胁迫的微阵列分析
GEEO:Fund	<http://localhost:8080/resource/Fund/1>
GEEO:Fund	<http://localhost:8080/resource/Fund/2>
foaf:Organization	<http://localhost:8080/resource/Organization/1>
is EXPO:admininfo of	<http://localhost:8080/resource/Experiment/1>
rdfs:label	水稻胚乳贮藏物代谢相关基因响应花后高温胁迫的微阵列分析
rdf:type	EXPO:AdminInformation

图 7-4　实验管理信息实例

Home | All experimentdesign

Property	Value
EXPO:ExperimentTittle	"丛枝菌根真菌对砷胁迫下水稻砷酸盐还原酶基因表达的影响 "
EXPO:Experimentalgoal	"通过盆栽试验研究在砷胁迫下 4 种丛枝菌根真 菌分别与水稻金优 64 共生后对水稻的促生效应"
EXPO:Materials	"金优64 "
is EXPO:hasdesign of	<http://localhost:8080/resource/Experiment/19>
rdfs:label	"丛枝菌根真菌对砷胁迫下水稻砷酸盐还原酶基因表达的影响 "
rdf:type	EXPO:experimentaldesign

图 7-5　实验设计信息实例

localhost:8080/data/Ad ×

localhost:8080/data/AdminInfo/1

```
@prefix swrc:     <http://swrc.ontoware.org/ontology#> .
@prefix owl:      <http://www.w3.org/2002/07/owl#> .
@prefix iswc:     <http://annotation.semanticweb.org/iswc/iswc.daml#> .
@prefix xsd:      <http://www.w3.org/2001/XMLSchema#> .
@prefix skos:     <http://www.w3.org/2004/02/skos/core#> .
@prefix GEEO:     <http://www.info.njau.edu.cn/CYC/ontology/GEEO#> .
@prefix rdfs:     <http://www.w3.org/2000/01/rdf-schema#> .
@prefix vcard:    <http://www.w3.org/2001/vcard-rdf/3.0#> .
@prefix CSMO:     <http://www.escidoc.org/ontologies/csmo#> .
@prefix dbo:      <http://dbpedia.org/ontology/> .
@prefix EXPO:     <http://www.hozo.jp/owl/EXPO.xml#> .
@prefix rdf:      <http://www.w3.org/1999/02/22-rdf-syntax-ns#> .
@prefix vocab:    <http://localhost:8080/resource/vocab/> .
@prefix dcterms:  <http://purl.org/dc/terms/> .
@prefix bibo:     <http://purl.org/ontology/bibo/> .
@prefix vivo:     <http://vivoweb.org/ontology/core#> .
@prefix map:      <F:/D2R/d2r-server-0.7/test.n3#> .
@prefix foaf:     <http://xmlns.com/foaf/0.1/> .
@prefix DC:       <http://purl.org/dc/elements/1.1/> .

<http://localhost:8080/data/AdminInfo/1>
      rdfs:label "RDF Description of 水稻胚乳贮藏物代谢相关基因响应花后高温胁迫的微阵列分析" ;
      foaf:primaryTopic <http://localhost:8080/resource/AdminInfo/1> .

<http://localhost:8080/resource/Experiment/1>
      EXPO:admininfo <http://localhost:8080/resource/AdminInfo/1> .

EXPO:AdminInformation
      rdfs:seeAlso <http://localhost:8080/sparql?query=DESCRIBE+%3Chttp%3A%2F%2Fwww.hozo.jp%2Fowl%2FEXPO.xml%23AdminInformation%3E> .

<http://localhost:8080/resource/AdminInfo/1>
      a       EXPO:AdminInformation ;
      rdfs:label "水稻胚乳贮藏物代谢相关基因响应花后高温胁迫的微阵列分析" ;
      dcterms:Contributor "程方民" , "韦克苏" , "董海涛" ;
      EXPO:ExperimentalTittle
              "水稻胚乳贮藏物代谢相关基因响应花后高温胁迫的微阵列分析" ;
      GEEO:Fund <http://localhost:8080/resource/Fund/1> , <http://localhost:8080/resource/Fund/2> ;
      foaf:Organization <http://localhost:8080/resource/Organization/1> .
```

图 7-6　实验管理信息实例 RDF 描述片段

7.3.2　语义关联类型实例

植物学基因表达实验数据主要包括实验数据、实验管理信息、科研成果三个方面的数据，其中实验数据又主要分为实验设计、实验操作、实验结构三类，植物学基因表达实验数据的主要类与属性如图 7-7 所示，其中灰色文本框中显示的信息分别对应类中包含的数据信息，下面从将从关联数据 Web 页面展示对图 7-7 中包含的数据类、数据信息组织、链接的成果。

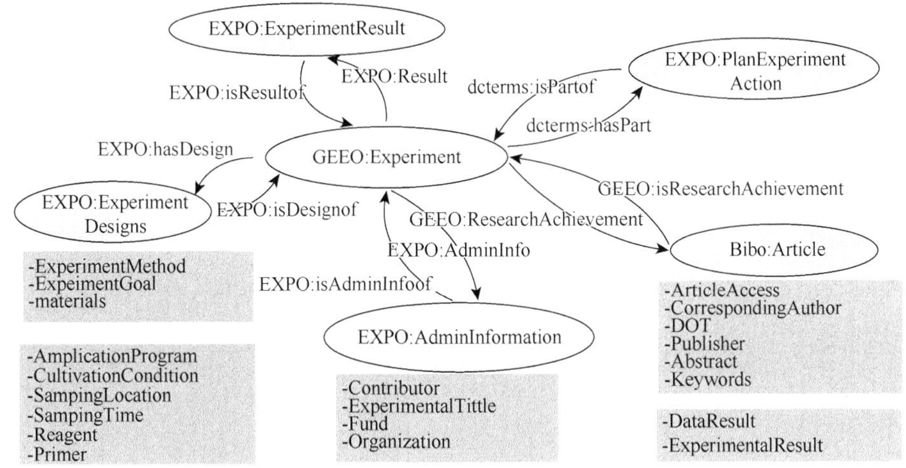

图 7-7　植物学基因表达实验数据主要类与属性

1. 实验数据的语义关联

科学实验数据大类主要是实现实验设计、实验操作、实验结果三类数据的语义链接和组织，在关联数据技术中 D2R 使用唯一有效的 URI 实现类与类之间的访问。例如，“茉莉酸和真菌病原诱导的水稻 WRKY30 转录因子基因的分离及表达特征”实验对应的实验操作、实验设计和实验结果信息页面可查看该实验的具体实验操作、设计和结果等数据信息，且 URI 语义链接是双向可逆的。同理，在实验操作、实验设计页面分别包含实验试剂、实验方法等数据的可访问 URI，通过 URI 可以直接链接到相应数据信息；“低磷和铝毒胁迫下大豆 γ-ECS 和 hGSHS 基因的克隆及表达分析”实验通过实验操作数据获取实验试剂信息，该实验使用了两种试剂，通过 URI 可以直接查看试剂的使用浓度。

2. 实验管理信息数据的语义关联

实验管理信息主要是对实验过程中涉及的科研人员、组织基因及参与实验的组织机构信息进行组织和整合，图 7-7 已经展示了实验管理信息类首页信息条目，访问任意条目可以获取该实验具体的实验管理信息，图 7-8 显示了参与实验“水稻 rbcs 启动子控制的外源基因在转基因水稻中的特异性表达”的实验人员，GEEO:Fund 属性显示该实验有三个基金项目支持，foaf:Organization 属性表示了有两个科研机构参与其中，且通过 URI 链接可继续查看基金和科研组织机构的具体信息。

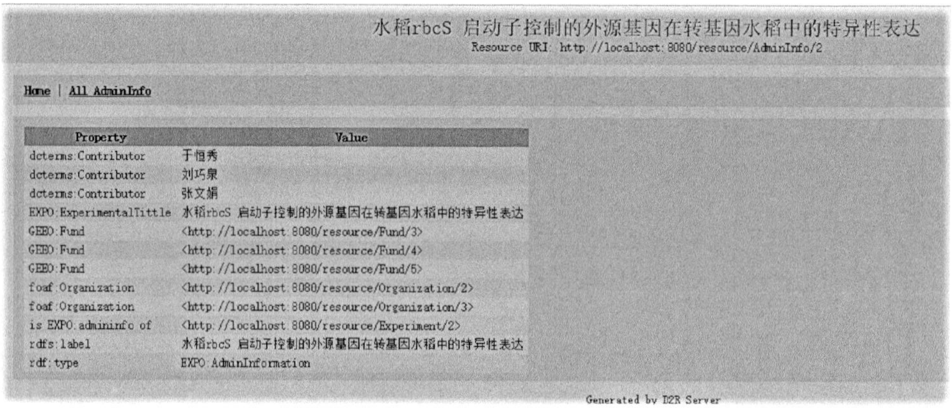

水稻rbcS 启动子控制的外源基因在转基因水稻中的特异性表达
Resource URI: http://localhost:8080/resource/AdminInfo/2

Home | All AdminInfo

Property	Value
dcterms:Contributor	于恒秀
dcterms:Contributor	刘巧泉
dcterms:Contributor	张文娟
EXPO:ExperimentalTittle	水稻rbcS 启动子控制的外源基因在转基因水稻中的特异性表达
GEEO:Fund	<http://localhost:8080/resource/Fund/3>
GEEO:Fund	<http://localhost:8080/resource/Fund/4>
GEEO:Fund	<http://localhost:8080/resource/Fund/5>
foaf:Organization	<http://localhost:8080/resource/Organization/2>
foaf:Organization	<http://localhost:8080/resource/Organization/3>
is EXPO:admininfo of	<http://localhost:8080/resource/Experiment/2>
rdfs:label	水稻rbcS 启动子控制的外源基因在转基因水稻中的特异性表达
rdf:type	EXPO:AdminInformation

Generated by D2R Server

图 7-8　实验管理信息数据组织实例

通过“水稻 rbcs 启动子控制的外源基因在转基因水稻中的特异性表达”实验的 AdminInfo 链接访问实验支持基金、实验参与组织机构的具体过程，即分别通过基金、组织机构唯一的 URI 访问查询，同时，在组织机构页面提供 foaf:HomePage 属性，提供该组织机构的官方网址，可以直接从 D2R 访问页面链接到 Web 中的信息。

实验管理信息实现的数据组织及链接，不仅对实验本身的管理信息进行整理融合，可以通过 Web 展示的方式直观地查看实验相关的实验人员、基金支持、参与单位的具体信息，也提供了从本地访问参与单位网站的 URI 网络接口，更加简洁地实现从实验本身了解实验背景的过程。

3. 科研成果数据的语义关联

科学实验的科研成果主要以科学论文的形式呈现，因此科研成果数据的组织主要是研究论文（Article）类数据信息，以论文《水稻胚乳贮藏物代谢相关基因响应花后高温胁迫的微阵列分析》为例，如图 7-9 所示，科研论文数据包含关键词、摘要、DOI、通信作者、科研论文下载获取链接及所属实验等信息，在科研论文数据信息页面通过 GEEO:ArticleAccess 属性包含的信息可以直接链接论文下载页面，DC:Publisher 链接期刊类，通过 is GEEO:ResearchAchievement of 访问对应的实验信息。图 7-10 则展示了通过 GEEO:ArticleAccess、GEEO:CorrespondingAuthor、DC:Publisher 三个属性对应的 URI 来访问科研论文下载页面，通信作者程方民、发表期刊《中国农业科学》的详细信息，同时期刊类数据提供接口直接访问期刊网址，即中国农业科学官网。

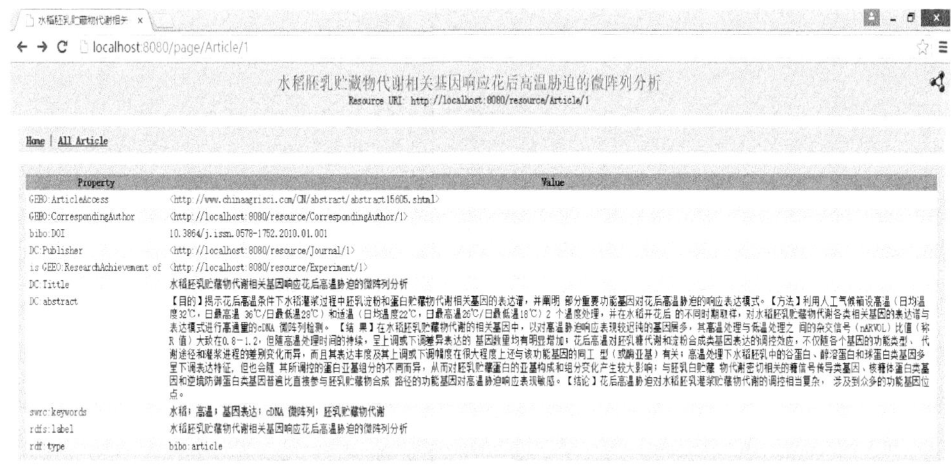

Property	Value
GEEO:ArticleAccess	<http://www.chinaagrisci.com/CN/abstract/abstract15605.shtml>
GEEO:CorrespondingAuthor	<http://localhost:8080/resource/CorrespondingAuthor/1>
bibo:DOI	10.3864/j.issn.0578-1752.2010.01.001
DC:Publisher	<http://localhost:8080/resource/Journal/1>
is GEEO:ResearchAchievement of	<http://localhost:8080/resource/Experiment/1>
DC:Tittle	水稻胚乳贮藏物代谢相关基因响应花后高温胁迫的微阵列分析
DC:abstract	【目的】揭示花后高温条件下水稻灌浆过程中胚乳淀粉和蛋白贮藏物代谢相关基因的表达谱，并阐明部分重要功能基因对花后高温胁迫的响应表达模式。【方法】利用人工气候箱设高温（日均温度32℃，日最高温36℃/日最低温28℃）和适温（日均温度22℃，日最高温26℃/日最低温18℃）2 个温度处理，并在水稻开花后的不同时期取样，对水稻胚乳贮藏物代谢各类相关基因的表达谱与表达模式进行高通量的cDNA 微阵列检测。【结果】在水稻胚乳贮藏物代谢的相关基因中，以对高温胁迫响应表现较迟钝的基因居多，其高温处理与低温处理之间的杂交信号（nARVOL）比值（称R 值）大致在0.8－1.2，但随高温处理时间的持续，呈上调或下调差异表达的基因数量均有明显增加；花后高温对胚乳糖代谢和淀粉合成类基因表达的调控效应，不仅随各个基因的功能类型、代谢途径和灌浆进程的差别变化而异，而且其表达丰度及其上调或下调幅度在很大程度上还与该功能基因的同工型（或酶亚基）有关；高温处理下水稻胚乳中的谷蛋白、醇溶蛋白和球蛋白类基因多呈下调表达特征，但也会随其所调控的蛋白亚基组分的不同而异，从而对胚乳贮藏蛋白的亚基构成和组分变化产生较大影响；与胚乳白贮藏物代谢密切相关的糖信号传导类基因、核糖体蛋白类基因和逆境防御蛋白类基因普遍比直接参与胚乳贮藏物合成路径的功能基因对高温胁迫响应表现敏感。【结论】花后高温胁迫对水稻胚乳灌浆贮藏物代谢的调控相当复杂，涉及到众多的功能基因位点。
swrc:keywords	水稻；高温；基因表达；cDNA 微阵列；胚乳贮藏物代谢
rdfs:label	水稻胚乳贮藏物代谢相关基因响应花后高温胁迫的微阵列分析
rdf:type	bibo:article

图 7-9　科研论文数据组织实例

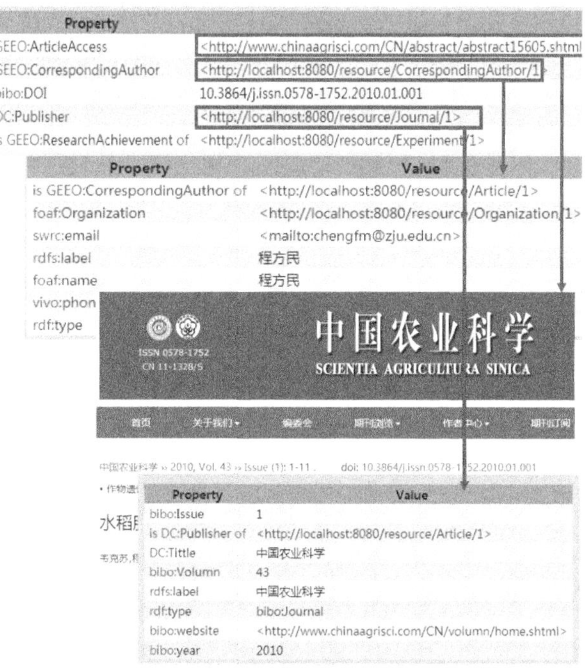

Property	Value
GEEO:ArticleAccess	<http://www.chinaagrisci.com/CN/abstract/abstract15605.shtml
GEEO:CorrespondingAuthor	<http://localhost:8080/resource/CorrespondingAuthor/1>
bibo:DOI	10.3864/j.issn.0578-1752.2010.01.001
DC:Publisher	<http://localhost:8080/resource/Journal/1>
is GEEO:ResearchAchievement of	<http://localhost:8080/resource/Experiment/1>

Property	Value
is GEEO:CorrespondingAuthor of	<http://localhost:8080/resource/Article/1>
foaf:Organization	<http://localhost:8080/resource/Organization/1>
swrc:email	<mailto:chengfm@zju.edu.cn>
rdfs:label	程方民
foaf:name	程方民
vivo:phon	
rdf:type	

Property	Value
bibo:Issue	1
is DC:Publisher of	<http://localhost:8080/resource/Article/1>
DC:Tittle	中国农业科学
bibo:Volumn	43
rdfs:label	中国农业科学
rdf:type	bibo:Journal
bibo:website	<http://www.chinaagrisci.com/CN/volumn/home.shtml>
bibo:year	2010

图 7-10　科研成果数据组织链接实例

7.4　植物学基因表达实验关联数据的检索与访问

7.4.1　基于 SPARQL 的科学实验数据访问

SPARQL 是专为 RDF 开发的用于查询和获取 RDF 描述的信息资源，D2R Server 支持基于 SPARQL 的数据访问和检索，在 D2R Server 启动的情况下，访问查询页面如图 7-11 所示，页面右上角 Browse 下方提供 Classes、Properties 浏览，用户可以通过单击 Classes 或 Properties 按钮查看所有类和属性，同时可以访问具有同一类名或者属性名标签的所有数据。以属性 property 为例，其展示了所有属性，点击链接可以访问任意属性下的所有数据，如 EXPO:Materials 属性中显示了系统中所有实验涉及的实验材料，GEEO:Concentration 为系统中实验试剂的操作浓度，通过浓度可以获取该实验试剂的信息。例如，对脱落酸信息的访问，通过实验试剂可以直接访问对应实验的操作信息，同理可对实验数据类中的信息数据进行访问。

SPARQL:

```
PREFIX swrc: <http://swrc.ontoware.org/ontology#>
PREFIX owl: <http://www.w3.org/2002/07/owl#>
PREFIX iswc: <http://annotation.semanticweb.org/iswc/iswc.daml#>
PREFIX xsd: <http://www.w3.org/2001/XMLSchema#>
PREFIX skos: <http://www.w3.org/2004/02/skos/core#>
PREFIX GEEO: <http://www.info.njau.edu.cn/CYC/ontology/GEEO#>
PREFIX rdfs: <http://www.w3.org/2000/01/rdf-schema#>
PREFIX vcard: <http://www.w3.org/2001/vcard-rdf/3.0#>
PREFIX CSMO: <http://www.escidoc.org/ontologies/csmo#>
PREFIX dbo: <http://dbpedia.org/ontology/>
PREFIX EXPO: <http://www.hozo.jp/owl/EXPO.xml#>
PREFIX rdf: <http://www.w3.org/1999/02/22-rdf-syntax-ns#>
PREFIX vocab: <http://localhost:8080/resource/vocab/>
PREFIX dcterms: <http://purl.org/dc/terms/>
PREFIX bibo: <http://purl.org/ontology/bibo/>
PREFIX vivo: <http://vivoweb.org/ontology/core#>
PREFIX map: <F:/D2R/d2r-server-0.7/test.n3#>
PREFIX foaf: <http://xmlns.com/foaf/0.1/>
PREFIX DC: <http://purl.org/dc/elements/1.1/>
SELECT DISTINCT * WHERE {
  ?s ?p ?o
}
LIMIT 10
```

Browse:

- Classes
- Properties

图 7-11　SPARQL 查询检索界面

7.4.2　基于 SPARQL 的科学实验数据检索

D2R 支持在 SPARQL 检索窗口编写 SPARQL 检索语句从而实现关联数据的检索，SPARQL 检索可以从关联数据内容 value 值和关联数据内容标签 property

两个角度检索关联数据，数据内容标签 property 即构建本体中的类或属性名，以检索实验名称及其对应实验目标为例，通过 property 角度检索需要检索实验名称、实验目标对应的属性名，即 EXPO:ExperimentTittle，EXPO:ExperimentalGoal，SPARQL 检索语句如下。

```
PREFIX EXPO:<http://www.hozo.jp/owl/EXPO.xml#>
SELECT  ?ExperimentTittle ?ExperimentalGoal
WHERE   {
                      ?x EXPO:ExperimentTittle ?Experiment-
                                                       Tittle
        OPTIONAL { ?x EXPO:ExperimentalGoal ?Experimen-
                                                     talGoal }
        }
```

SPARQL 数据检索结果如图 7-12 所示，两列分别为实验名称（ExperimentTittle）和实验目标（ExperimentalGoal），该检索结果为关联数据内容展示，通过添加对对应关联数据 URI 的检索可以获取可访问的关联数据检索结果，从而获取更多的关联信息和数据，如图 7-13 所示检索结果最左一列在图 7-12 的基础上增加了实验目标对应的 URI，且该 URI 为可访问链接，通过 URI 链接可访问实验设计信息，在实验设计关联数据页面同样存在可继续访问的 URI，如图 7-13 所示对实验方法、实验基础信息的访问，同理，访问可以继续深入，由实验目标而访问到所有与其有语义关联的信息，该检索与上面显示结果不同之处则为对 URI 的绑定查询，查询语句如下。

```
PREFIX EXPO: <http: //www.hozo.jp/owl/EXPO.xml#>
SELECT   ?x ?ExperimentTittle ?ExperimentalGoal
WHERE   {
                      ?x EXPO: ExperimentTittle ?Experi-
                                                  mentTittle
        OPTIONAL { ?x EXPO: ExperimentalGoal ?Experimen-
                                                     talGoal }
        }
```

SPARQL results:

ExperimentTittle	Experimentalgoal
"水稻胚乳贮藏物代谢相关基因响应花后高温胁迫的微阵列分析"	"揭示花后高温条件下水稻灌浆过程中胚乳淀粉和蛋白贮藏物代谢相关基因的表谱，并阐明部分重要功能基因对花后高温胁迫的响应表达模式 揭示高温条件下，水稻灌浆过程中胚乳淀粉和蛋白贮藏物相关基因的表谱"
"水稻rbcS 启动子控制的外源基因在转基因水稻中的特异性表达"	"为将不同启动子用于转基因水稻的研究，从武 运粳8号水稻中克隆了Rubisco小亚基基因(rbcS)的5′ 上游调控区，构建了由rbcS 启动子引导的GUS融合基 因，并经农杆菌介导导入到水稻中。"
"茉莉酸和真菌病原诱导的水稻WRKY30 转录因子基因的分离及表达特征"	"分离水稻WRKY30，为阐明WRKY 转录因子在水稻抗病反应中的调节作用提供依据，为抗病性的 合理利用和品种遗传改良提供基因材料"
"低钾胁迫对水稻(OryzasativaL.) 化感潜力变化的影响 王"	"研究以国际公认的化感水稻PI312777和非化感水稻Lemont为供体，稗草(Echinochloacrus-galliL.)为受体，采用稻/稗共 培体系，研究低钾胁迫对水稻化感潜力变化的影响及其机制"
"赤霉素(GA3)和脱落酸(ABA)对不同水稻品种生长和生理特性及 GA20 ox2 、GA3ox2 基因表达的影响 "	"以5 个水稻品种4 叶1 心期的幼苗为材料，比较研究了1 μmol/ L GA3 和10 mg/L ABA 处理对不同水稻品种生长发 育、生理特性及基因表达的影响"
"高温胁迫下水稻胚乳淀粉分支酶各同工型基因的表达特征"	"以稻米品质温度敏感型的早籼稻品种浙辐49 为材料，利用人工气候箱控温处理试验和实时荧光定量PCR技 术，探讨了水稻发育胚乳中淀粉分支酶(sta rch branching enzyme, SBE)的3 种主要同工型基因(SBE Ⅰ 、SBEⅢ 和SBEⅣ) 在不同温度处理下的相对表达量差异及动态变化特征"
"水稻条叶枯病毒基因产物在水稻和昆虫 体内的 W e s t e r n 印迹分析"	"本研究利用大肠杆菌表达的病毒基因产物制备多克隆抗血清，通过Wes et n 印迹检测了水稻病株和带毒 虫体内N S 3、N C、N C P 及N S v c4 蛋白产物的存在"
"低磷胁迫下不同品种水稻秧苗生长的分子生理特性"	"以国际上公认的化感水稻PI312777和非化感水稻Lemont （均引自美国)为材料， 采用水培方法研究了不同水稻品种响应低磷(0.5 mg/L, 以P计)胁迫的分子生理特性"
"水稻铵转运蛋白基因OsAMT14 和OsAMT5的特征分析、功能和表达"	"阐明水稻铵转运蛋白基因OsAMT1.4 和OsAMT5 的编码蛋白特征、功能和表达"
"抑制水稻隐花色素基因OSCRY1A表达对水稻农艺性状的影响"	"利用已公布的OsCRY1a基因的序列设计引物，扩增部分基因片段，构建RNAi植物表达载体并转化水稻，导致该基因表达水平下降和功能缺失。根据转基因植株重要农艺性状的表现，分析该基因的功能"
"控制水稻胚乳淀粉合成代谢若干关键酶基因 对花后高温的响应表达"	"以稻米品质温度敏感型的早籼稻品种嘉早935 为材料，利用人工气候箱控温试验和实时荧光定量PCR 技术，探讨了不同灌浆温度(日均温分别为22 和32 ℃) 处理下胚乳淀粉分支酶(SBE) 、淀粉去分支酶(DBE) 和淀粉合酶(SS) 的10 个同工型基因(sbe1、sbe3、sbe4、pul、isa1、isa2、isa3、Wx、sss1 和sss2a) 的相对表达量差异及动态变化特征"
"水稻转录因子OsBTF3 对不同病原菌和 信号分子的基因表达反应"	"为了阐明OsBTF3 在水稻叶组织中的表达特征，本研究利用RT-Q-PCR技术，对经3种亲和性病原菌[水稻白叶枯病菌 (Xoo)、水稻条斑病菌(Xooc)和稻瘟病菌(Mg)] 接种和4种信号分子[脱落酸(ABA)、水杨酸(SA)、茉莉酸甲酯(MeJA)、 乙烯(ETH)] 诱导处理的水稻叶片中OsBTF3 的转录本进行了定量分析"

图 7-12　SPARQL 数据检索结果

图 7-13　基于 URI 的 SPARQL 检索结果

基于关联数据内容 value 值的检索为定向检索，即检索某特定内容，如检索“使用 Mg 元素的实验试剂及实验浓度”，为实现相关数据的语义关联采用绑定 URI 的检索，检索语句如下。

```
PREFIX foaf: http: //xmlns.com/foaf/0.1/
PREFIX GEEO: <http: //www.info.njau.edu.cn/CYC/
                                  ontology/GEEO#>
SELECT  ?x ?Concentration ?name
WHERE {
            ?x foaf: name ?name
            FILTER          regex(?name, "Mg")
            OPTIONAL { ?x GEEO: Concentration ?Con-
                                          centration}
          }
```

检索结果如图 7-14 所示，结果显示在收录的数据中有两个实验使用含 Mg 元素的实验试剂，且均为 $MgCl_2$，使用浓度分别为 1.75mmol/L，1.5mmol/L，实验试剂的可访问对应的 URI。与上面所述相同，通过 URI 可链接访问更多与 $MgCl_2$ 相关的实验数据信息，同时可获取更多实验试剂数据。

由图 7-14 的检索结果不难看出基于关联数据内容 value 值的检索定向性强、效率较高、数据信息显示明确。

SPARQL results:

x	Concentration	name
<http://localhost:8080/resource/Reagent/1>	"1.75 mmol·L-1"	"MgCl2"
<http://localhost:8080/resource/Reagent/7>	"1. 5 mmol·L-1"	"MgCl2"

图 7-14　含 Mg 元素的实验试剂检索结果

7.5　植物学基因表达实验关联数据的测评

7.5.1　植物学基因表达实验关联数据测评目的及方法

遵循以用户需求为中心的组织方法才能将科学数据组织模式运用到实际科研生产中，为确定本书构建的科学实验数据组织模式的领域有效性、实际科研需求有用性及存在的优缺点，本书采用用户测评的方法为植物学基因表达实验关联数据进行打分，采集用户意见，为进一步的数据组织模型调整提供支撑。

具有基因表达实验操作学科背景的科研人员均为本书构建的关联数据模型的潜在用户。本书采用问卷调查的方式对植物学基因表达实验关联数据进行测评，通过问卷结果反馈出植物学基因表达实验关联数据的功能模块有用性，以及关联数据组织与传统实验数据存放、检索等方面存在的优缺点、改进方向等信息。

7.5.2　植物学基因表达实验关联数据测评实施及测评结果

本书邀请 5 位具有植物学相关研究背景的研究人员对植物学基因表达实验关联数据进行测评，参与测评的研究人员的学科背景见表 7-1。他们分别对关联数据模型的数据完整性、有用性、数据价值度、便利性、使用意愿和认可度等方面进行打分（测评问卷见附录四）。

表 7-1　测评参与人员信息统计

序号	性别	学历	专业	研究方向
1	男	硕士	果树	生物信息学
2	男	博士	果树	分子生物学
3	女	博士	水稻	栽培
4	女	硕士	蔬菜	生物信息学
5	女	硕士	大豆	转基因

对测评数据进行统计，将问卷选项按李克特五级量表转换为分值（1～5 分），分值越高则认可度越高，统计结果如图 7-15 所示。

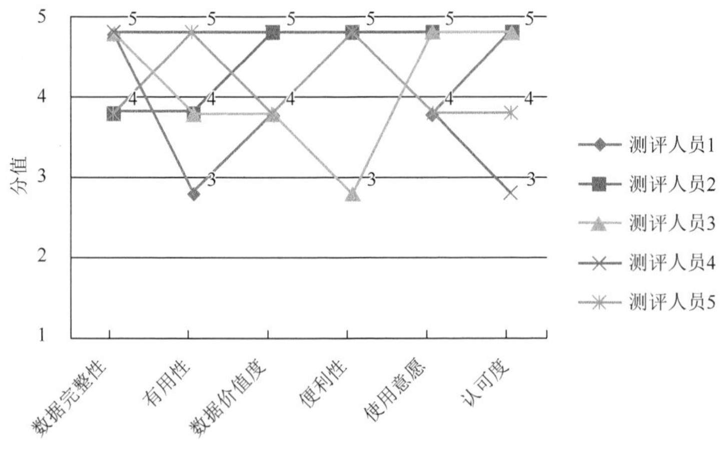

图 7-15　关联数据测评结果

7.5.3 植物学基因表达实验关联数据测评结果分析

1. 数据描述完整性

数据完整性的评价标准为关联数据模型中实验设计、实验操作、实验结果和相关科研成果的数据是否能够完整地描述实验，图 7-16 为参与调研的科研人员对数据完整性测评的打分结果，60%的科研人员认为该模型能够非常完整地描述实验信息，40%的科研人员认为比较完整，这表明在关联数据模型构建初期基于用户访谈、德尔菲法的元数据构建方法切实有效，能够深入了解学科领域知识，符合现实科研需求。

2. 有用性和数据价值度

对于关联数据组织实验数据的有用性和价值度方面，80%的科研人员认为该组织方式有用（图 7-17），理由为通过关联数据系统能够使科研人员在短时间内对整个实验过程、科研论文有较为全面的了解，免去检索科研论文、分析论文提取有效信息等烦琐的过程，仅有一位科研人员因对保密数据的公开程度及安全性存在担忧表示关联数据方式一般有用；参与测评的科研人员均表示该模型能够涵盖其科研过程中需求数据范围，数据价值度较高，能够精准地提供科研所需信息。

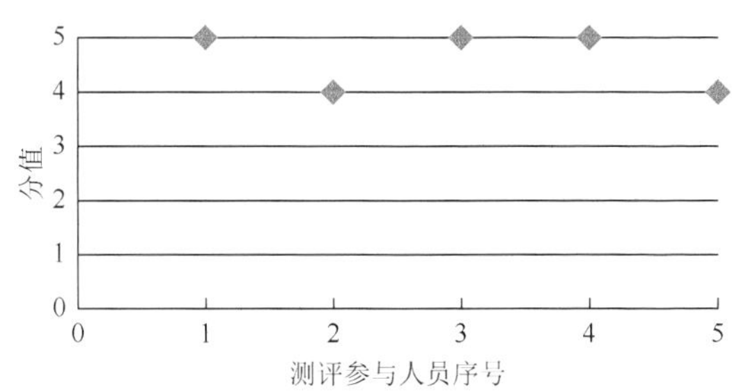

图 7-16　数据完整性测评结果

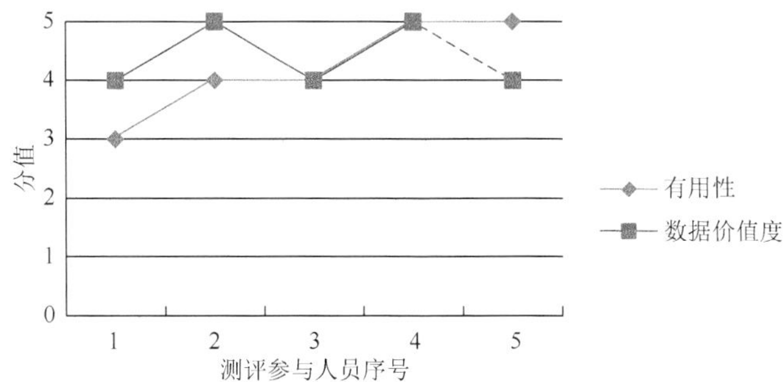

图 7-17　有用性及数据价值度测评结果

3. 便利性与使用意愿

80%的科研人员认为关联数据技术提供的元数据字段检索非常便于数据的分解性检索，目的性强、速度快，愿意使用该模式数据组织的系统（图 7-18）；然而在关联数据组织方式改善数据丢失和长期保存方面，科研人员存在少许质疑，主要表现在两个方面：首先，科研人员认为如果需要个人手动存储不仅需要消耗个人时间且对部分数据的公开程度存在担忧；其次，科研人员表示更倾向于通过该关联数据系统查询、检索数据，也有部分人员对资金问题表示担忧，表示在一定的经济承受力内会使用。

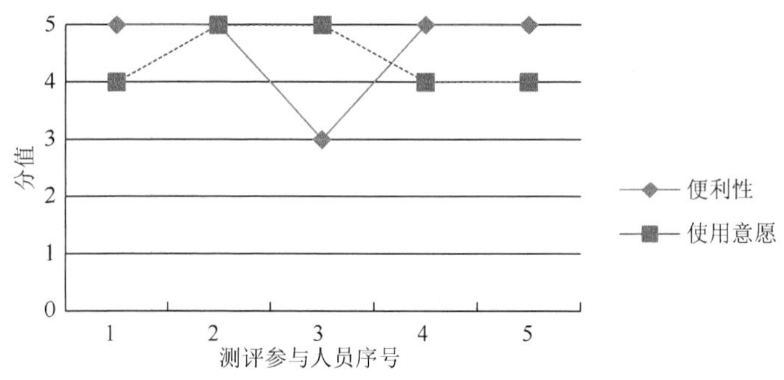

图 7-18　便利性和使用意愿测评结果

4. 认可度

参与测评的科研人员表示与传统的数据文件保存方式相比，关联数据组织方式更具有系统性、条理性，方便检索、便于对比分析和实时运用，通过关联数据技术组织实验数据是一个好主意，给予了较高的认可度（图 7-19）；其中在科研论文检索和关联数据检索之间 60%的科研人员选择后者，40%的科研人员表示同时使用，同时有科研人员提到如果植物学基因表达实验关联数据系统组织、存储更多的实验原始数据，系统界面更加通俗易懂，该组织模式将更加的便利和实用。

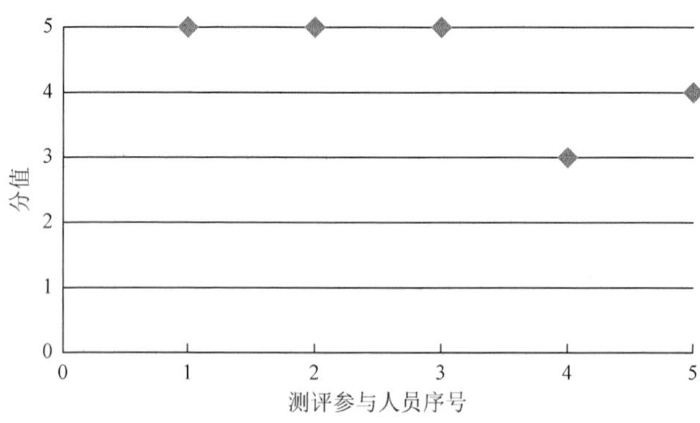

图 7-19　认可度测评结果

第8章 结　语

科学数据的开放共享自提出以来就得到了全世界各级组织和个人的倡导，共享数据的数量增长迅速，投入的支持经费数量不断增加，科学数据的组织与管理技术发展迅猛。本书针对科学数据的特点及当前对科学数据的需求，探讨了如何将元数据、本体及关联数据技术应用于科学数据的深度加工、挖掘和知识关联中。同时，本书以植物学基因表达实验数据为例，探讨了从实践角度实现从科学数据筛选、获取、标注、关联、集成和发布的全过程。本书是针对无结构的、散落的科学实验数据组织的一次探索性研究，从理论的角度来讲，对科学数据组织的理论和方法的完善具有一定的作用；从应用的角度讲，本书所提出的科学数据组织的方法与流程，对于其他学科领域的数据组织也具有一定的借鉴作用。

一直以来，图书馆在学科服务、参考咨询方面做了大量的工作并取得了较好的成绩，科学数据的组织同样需要数据策管人员与领域专业人员进行良好合作，针对不同领域科学数据的特点、描述格式、存储方式等进行有效沟通，采取有针对性的技术与方法进行该领域的科学数据的组织和管理。加强对领域数据的理解，以及与领域专业人员的合作，这是实现科学数据元数据模型构建的重要基础，进而能够实现对科学数据的高质量标注。本书在数据源收集中，主要以公开的实验记录及发表的科技论文为主要来源，从这些非结构化文本中抽取科学数据。然而事实上，针对当前的科学实验数据保存条件和现状，对于大量存在于实验室及个人手中的实验记录缺乏足够的组织，相关数据广泛存储在机构服务器、个人计算机、纸质记录及公开出版文献、公共数据仓储等零散的各处。如何加强对这些零散数据的整合，利用关联数据及语义网技术将这些数据关联起来，以丰富科学数据的来源是本书今后要继续研究的课题之一。

目前，开放共享的关联数据的数量增长迅猛，类型多样。科学实验数据中存在大量的专业术语，为了进一步提升科学实验数据服务的质量，提升科学数据的可理解性，还需要引入更多的外部关联数据对科学实验数据进行语义内容丰富，如维基百科数据、地理信息数据、基因本体等对科学实验数据的内容进行语义注释与关联。在本书中主要实现了对科学实验数据、管理数据及成果数据的关联。本书尝试使用本体驱动的关联数据技术实现对科学实验数据的组织，初步实现了科学实验数据与其他类型资源数据的语义融合的实验原型。从实践的效果来看，从资源的数量、类型及粒度而言，都需要进一步提升。

科学数据中存在大量的术语，如何快速准确地识别出这些数据是命名实体研究中的一项重要的内容。本书在科学数据命名实体识别中，以现有的基因及蛋白质实体识别开源软件为基础，借助规则识别的方法识别出了实验需要的内参基因，同时结合 CRF、SVM 等处理方法实现了内参基因相关实验条件的识别与抽取。可以说，本书是以内参基因的识别为场景，综合利用了现有的文本分类、命名实体识别等技术完成了科学实验数据命名实体及其关系的识别。然而，科学实验数据中命名实体的类型远远不止于此，不同的学科衍生出更多的特殊实体，因此，对命名实体及其语义关系识别的精度也随之提高。蓬勃发展的深度学习技术，给命名实体及其关系的识别效果带来了更好的技术解决方案。本书也将继续探索如何将深度学习技术更好地应用于科学数据相关实体及其关系的识别中。

科学数据的组织需要加强与领域专家的合作、强化智能信息处理技术的研究以及开发更友好易用的数据管理平台与工具。数据时代的到来给情报学的发展赋予了更多新的内涵和更广阔的发展空间，如何同领域更好地结合，如何利用智能的信息处理技术，开发知识服务辅助工具，分析和整合不同的信息资源，进而更好地为专家智慧服务，值得进一步深入思考和不断研究。

参 考 文 献

常颖聪，何琳. 2015. 科学实验数据元数据模型构建研究——以植物学基因表达实验为例. 图书情报工作，59（13）：117-125.

程变爱. 2000. 试论资源描述框架（RDF）——一种极具生命力的元数据携带工具. 数据分析与知识发现，16（6）：62-64.

段文婷，江光荣. 2008. 计划行为理论述评. 心理科学进展，16（2）：315-320.

何琳. 2007. 古农学本体的半自动构建与检索研究. 南京：南京农业大学.

洪娜，钱庆，方安，等. 2012. 生物医学关联数据研究进展与比较分析. 图书情报工作，56（6）：123-129.

胡永生，刘颖. 2013. 基于用户调查的高校科学数据管理需求分析. 图书情报工作，57（6）：28-32，78.

黄金霞. 2011. 支持科研和学术发现的语义网应用实例研究. 图书情报工作，55（11）：125-129.

姜恩波. 2001. RDF 原理、结构初探. 现代图书情报技术，17（5）：32-33.

姜禾. 2015. 欧盟 GRDI2020 发布《全球科学数据基础设施：重大数据挑战报告》. https://grdi2020.eu/pages-selecteddocument-aspxid_documento9498d72b-2de1-4074-8c8a-b7c7a11258e1/[2015-07-06].

林海青，楼向英，夏翠娟. 2012. 图书馆关联数据：机会与挑战. 中国图书馆学报，38（197）：58-67.

刘嘉. 2002. 元数据导论. 北京：华艺出版社.

刘文斌. 2013. 关联旅游资源数据集的构建及其应用研究. 广州：华南理工大学.

娄秀明. 2010. 用关联数据技术实现网络知识组织系统的研究. 上海：华东师范大学.

牟冬梅，黄丽丽，张艳侠. 2012. 关联数据在生命科学领域的应用现状. 情报科学，30（9）：1389-1395.

钱鹏. 2013. 信息生命周期管理两重性辨析：以科学数据管理为例. 情报理论与实践，36（3）：11-14.

沈志宏，张晓林. 2010. 关联数据及其应用现状综述. 现代图书情报技术，11：1-9.

吴明隆. 2010. 问卷统计分析实务——SPSS 操作与应用. 重庆：重庆大学出版社.

项英，赖剑菲，丁宁. 2013. 高校图书馆科学数据管理服务实践探索——以武汉大学社会科学数据管理为例. 情报理论与实践，36（12）：89-93.

徐坤，曹锦丹. 2014. 高校图书馆参与科学数据管理研究. 图书馆论坛，5：92-98.

游毅，成全. 2012. 基于关联数据的科研数据资源共享. 情报杂志，31（10）：146-151.

赵华，王健. 2015. 国内外科学数据元数据标准及内容分析. 情报探索，2：21-24，30.

Abacha A B，Zweigenbaum P. 2011. A hybrid approach for the extraction of semantic relations from MEDLINE abstracts//International Conference on Intelligent Text Processing and Computational Linguistics.Heidelberg：Springer：139-150.

Agarwal R，Prasad J. 1999. Are individual differences germane to the acceptance of new information technologies? Decision Sciences，30（2）：361-391.

Ajzen I. 1985. From intentions to actions：A theory of planned behavior//Kuhl J，Beckmann J. Action control.Heidelberg：Springer：11-39.

Ajzen I. 1991. The theory of planned behavior. Organizational Behavior & Human Decision Processes，50（2）：179-211.

Akmon D，Zimmerman A，Daniels M，et al. 2011. The application of archival concepts to a data-intensive environment：Working with scientists to understand data management and preservation needs. Archival Science，11（3-4）：329-348.

Borgman C L. 2012. The conundrum of sharing research data. Journal of the American Society for Information Science and Technology，63（6）：1059-1078.

Borgman C L. 2013. Big data，little data，no data：The contested landscape of data sharing and reuse //Trends in Society & Information Technology Seminar Series. Irvine：University of California.

Bundschus M，Dejori M，Stetter M，et al. 2008. Extraction of semantic biomedical relations from text using conditional random fields. BMC bioinformatics，9（1）：207.

Chen H，Sharp B M. 2004. Content-rich biological network constructed by mining PubMed abstracts. BMC Bioinformatics，5（1）：147.

Chen L，Liu H，Friedman C. 2005. Gene name ambiguity of eukaryotic nomenclatures. Bioinformatics，21（2）：248-256.

Cohen A M，Hersh W R. 2005. A survey of current work in biomedical text mining. Briefings in Bioinformatics，6（1）：57-71.

Davis F D. 1989. Perceived usefulness，perceived ease of use，and user acceptance of information technology. MIS Quarterly，13（3）：319-340.

Elliott B，Kirac M，Cakmak A，et al. 2008. PathCase：Pathways database system. Bioinformatics，24（21）：2526-2533.

Enke N，Thessen A，Bach K，et al. 2012. The user's view on biodiversity data sharing—Investigating facts of acceptance and requirements to realize a sustainable use of research data. Ecological Informatics，11：25-33.

Friedlander A，Adler P. 2006. To stand the test of time：Long-term stewardship of digital data sets in science and engineering. Association of Research Libraries，2006：16.

Frijters R，Heupers B，van Beek P，et al. 2008. CoPub：A literature-based keyword enrichment tool for microarray data analysis. Nucleic Acids Research，36（2）：406-410.

Gaizauskas R，Demetriou G，Artymiuk P J，et al. 2003. Protein structures and information extraction from biological texts：The PASTA system. Bioinformatics，19（1）：135-143.

Garfield E，Merton R K. 1979. Citation Indexing：Its Theory and Application in Science，Technology，and Humanities.New York：Wiley.

Gray J，Szalay A S，Thakar A R，et al. 2002. Online scientific data curation，publication，and archiving. Proceedings of SPIE—The International Society for Optical Engineering，4846：103-107.

Greenberg J，White H C，Carrier S，et al. 2009. A metadata best practice for a scientific data repository. Journal of Library Metadata，9（3-4）：194-212.

Gruber T R. 1993. A translation approach to portable ontology specifications. Knowledge Acquisition，5（2）：199-220.

Hakenberg J，Gerner M，Haeussler M，et al. 2011. The gnat library for local and remote gene mention normalization. Bioinformatics，27（19）：2769-2771.

Hettne K M，Stierum R H，Schuemie M J，et al. 2009. A dictionary to identify small molecules and drugs in free text. Bioinformatics，25（22）：2983-2991.

Hoffmann R，Valencia A. 2005. Implementing the IHOP concept for navigation of biomedical literature. Bioinformatics，21（2）：252-258.

Huang M，Liu J，Zhu X. 2011. GeneTUKit：A software for document-level gene normalization. Bioinformatics，27（7）：1032-1033.

Jenssen T K，Lægreid A，Komorowski J，et al. 2001. A literature network of human genes for high-throughput analysis of gene expression. Nature genetics，28（1）：21-28.

Karahanna E，Straub D W，Chervany N L. 1999. Information technology adoption across time：A cross-sectional comparison of pre-adoption and post-adoption beliefs. MIS quarterly，23（2）：183-213.

Kelder T，Pico A R，Hanspers K，et al. 2009. Mining biological pathways using WikiPathways web services. PLoS one，4（7）：e6447.

Kim J D，Ohta T，Pyysalo S，et al. 2009. Overview of BioNLP'09 shared task on event extraction//Proceedings of the Workshop on Current Trends in Biomedical Natural Language Processing：Shared Task. Boulder：Association for Computational Linguistics：1-9.

Kim J D，Ohta T，Tsujii J I. 2008. Corpus annotation for mining biomedical events from literature. BMC bioinformatics，9（1）：10.

Kim S，Yoon J，Yang J. 2008. Kernel approaches for genic interaction extraction. Bioinformatics，24（1）：118-126.

Kim T J. 1999. Metadata for geo-spatial data sharing：A comparative analysis. The Annals of Regional Science，33（2）：171-181.

Klump J，Bertelmann R，Brase J，et al. 2006. Data publication in the open access initiative. Data Science Journal，5：79-83.

Kuipers T，van der Hoeven J. 2010. PARSE：Insight into issues of permanent access to the records of science in Europe.http://www.parse-insight.eu/downloads/PARSE-Insight_D3-6_InsightReport.pdf[2014-12-09].

Lauriault T P，Craig B L，Taylor D R F，et al. 2007. Today's data are part of tomorrow's research：Archival issues in the sciences. Archivaria，64：123-179.

Leaman R，Gonzalez G. 2008. BANNER：An executable survey of advances in biomedical named entity recognition//Altman R B，Dunker A K，Hunter L，et al. Pacific Symposium on Biocomputing 2018. Hawaii：652-663.

Lizong W，Liangxu W，Zhuotong N，et al. 2013. Application of DOI in data citation：Issues and suggestions. Remote Sensing Technology and Application，28（3）：377-382.

Lord P，Macdonald A. 2003. e-Science curation report：Data curation for e-Science in the UK：An audit to establish requirements for future curation and provision. Digital Archiving Consultancy Limited.

Martinez-Uribe L. 2008. Findings of the scoping study interviews and the research data management workshop. https://ora.ox.ac.uk/objects/uuid:4e2b7e64-d941-4237-a17f-659fe8a12eb5/download_file?file_format=pdf&safe_filename=Main%2BReport&type_of_work=Report[2014-11-26].

Miyao Y，Sagae K，Sætre R，et al. 2009. Evaluating contributions of natural language parsers to protein–protein interaction extraction. Bioinformatics，25（3）：394-400.

Mulligan A，Mabe M. 2011. The effect of the internet on researcher motivations，behaviour and attitudes. Journal of Documentation，67（2）：290-311.

Murray-Rust P，Neylon C，Pollock R，et al. 2015. Principles for open data in science. https://pantonprinciples.org/[2015-06-10].

Murray-Rust P. 2008. Open data in science. Serials Review，34（1）：52-64.

Olds R. 2013. Sharing research data to improve public health：A joint statement by funders of health research. https://wellcome.ac.uk/what-we-do/our-work/sharing-research-data-improve-public-health-full-joint-statement-funders-health[2013-12-03].

Pakhomov S V，Ruggieri A，Chute C G. 2002. Maximum entropy modeling for mining patient medication status from free text. Proceedings AMIA Symposium：587-591.

Parham S W，Bodnar J，Fuchs S. 2012. Supporting tomorrow's research：Assessing faculty data curation needs at Georgia Tech. C&RL News，1：10-13.

Penev L，Mietchen D，Chavan V，et al. 2013. Pensoft Data Publishing Policies and Guidelines for Biodiversity Data. http：//www.pensoft.net/J_FILES/Pensoft_Data_ Publishing_Policies_and_Guidelines.pdf [2013-12-10].

Piwowar H A，Chapman W W. 2008. A review of journal policies for sharing research data//Sustainability in the Age of Web 2.0 - Proceedings of the 12th International Conference on Electronic Publishing. Toronto：ELPUB：1-14.

Piwowar H A，Day R S，Fridsma D B. 2007. Sharing detailed research data is associated with increased citation rate. PLoS one，2（3）：e308.

Piwowar H A. 2011. Who shares? Who doesn't? Factors associated with openly archiving raw research data. PLoS one，6（7）：e18657.

Pyysalo S，Ginter F，Heimonen J，et al. 2007. BioInfer：A corpus for information extraction in the biomedical domain. BMC bioinformatics，8（1）：50.

Qin J，Ball A，Greenberg J. 2012. Functional and architectural requirements for metadata：Supporting discovery and management of scientific data//International Conference on Dublin Core and Metadata Applications. Kuching：62-71.

Saric J，Jensen L J，Ouzounova R，et al. 2006. Extraction of regulatory gene/protein networks from medline. Bioinformatics，22（6）：645-650.

Scaramozzino J M，Ramirez M L，Mcgaughey K J. 2012. A study of faculty data curation behaviors and attitudes at a teaching-centered university. College & Research Libraries，73（4）：349-365.

Shreeves S L，Cragin M H. 2008. Introduction：Institutional repositories：Current state and future. Library Trends，57（2）：89-97.

Studer R. 1998. Knowledge engineering：Principles and methods. Data & Knowledge Engineering，25（1-2）：161-197.

Tenopir C，Allard S，Douglass K，et al. 2011. Data sharing by scientists：Practices and perceptions. PLoS one，6（6）：e21101.

Thompson P，Iqbal S A，McNaught J，et al. 2009. Construction of an annotated corpus to support biomedical information extraction. BMC bioinformatics，10（1）：349.

Tsuruoka Y，Miwa M，Hamamoto K，et al. 2011. Discovering and visualizing indirect associations between biomedical concepts. Bioinformatics，27（13）：111-119.

Ward C，Freiman L，Molloy L，et al. 2011. Making sense：Talking data management with researchers. International Journal of Digital Curation，6（2）：265-273.

Wicherts J M，Bakker M，Molenaar D. 2011. Willingness to share research data is related to the strength of the evidence and the quality of reporting of statistical results. PLoS one，6（11）：e26828.

Witt M，Carlson J，Brandt D S，et al. 2009. Constructing data curation profiles. International Journal of Digital Curation，4（3）：93-103.

Zweigenbaum P，Demner-Fushman D. 2009. Advanced literature-mining tools//Edwards D，Stajich J，Hansen D. Bioinformatics. New York：Springer：347-380.

附录一　科研人员科学数据共享意愿调查问卷

科学数据共享意愿调查研究

（一）科学数据共享概念

科学数据是指在科研过程中产生的支撑研究的数据，包括实验数据、计算机程序代码、实验测试集、仪器观测数据、调查问卷等。数字时代的数据共享是指在互联网上公开数据，并且支持除数据提供者之外的研究人员或者组织机构下载、分析、重用及数据引用。从广义上讲，任何将数据上传到互联网或者数据库并支持开放获取的行为都可以称为“数据共享”。

数据共享能够为科学研究带来很多好处。首先，通过对文章相关的支撑数据或研究结果数据的再分析，能够有效地进行科学质疑，防止科学造假；其次，对研究人员及科研机构来讲，免费使用或者引用已公开发表的数据支持相关研究，可以减少重复的时间及资金投入，数据被引用的同时可以提高数据的发表者或者发表机构在科学研究界的知名度及影响力；然后，科学数据的发表及开放获取可以促进不同学科的无缝链接，减少跨学科研究的障碍，提高与其他科学研究者和研究机构的合作概率；最后，从科学数据角度出发，良好的管理机制及长期保存能够保持数据的完整性，这对于一些稀有数据尤为重要。

（二）个人基本信息

1. 您的性别是：

A. 男　　B. 女

2. 您的年龄是：

A. 25 岁及以下　　B. 26～35 岁　　C. 36～45 岁

D. 46～55 岁　　E. 56～60 岁　　F. 60 岁以上

3. 您的职称是：

A. 正高职称　　B. 副高职称　　C. 中级职称

D. 初级职称　　E. 其他

4. 您所在的学科领域：

A. 生物医药　B. 人文社科　C. 农业科学
D. 理工科学　E. 其他
5. 您所在单位的研究级别：
A. 研究所　B. 985 高校　C. 211 高校
D. 普通高校　E. 其他
6. 您是否参与或主持过科研项目：
A. 作为参与者参加　B. 作为负责人参加　C. 其他
7. 您所参与或主持的科研项目级别：
A. 国家级　B. 省部级　C. 校级　D. 其他

（三）问卷主体

****科研信仰****

1. 您认为科学数据属于科研成果的一部分：
A. 非常不同意　B. 不同意　C. 基本不同意　D. 不清楚
E. 基本同意　F. 同意　G. 非常同意
2. 您认为科学数据应该进行公开并支持免费获取：
A. 非常不同意　B. 不同意　C. 基本不同意　D. 不清楚
E. 基本同意　F. 同意　G. 非常同意
3. 您内心支持科学数据共享的理念：
A. 非常不同意　B. 不同意　C. 基本不同意　D. 不清楚
E. 基本同意　F. 同意　G. 非常同意

****感知成本****

1. 您认为将科学数据进行共享浪费您的时间：
A. 非常不同意　B. 不同意　C. 基本不同意　D. 不清楚
E. 基本同意　F. 同意　G. 非常同意
2. 您认为将科学数据进行共享浪费您的精力：
A. 非常不同意　B. 不同意　C. 基本不同意　D. 不清楚
E. 基本同意　F. 同意　G. 非常同意
3. 您认为对科学数据进行共享成本较高：
A. 非常不同意　B. 不同意　C. 基本不同意　D. 不清楚
E. 基本同意　F. 同意　G. 非常同意

****感知风险****

1. 您认为将科学数据共享会泄露研究核心内容：
A. 非常不同意　B. 不同意　C. 基本不同意　D. 不清楚
E. 基本同意　F. 同意　G. 非常同意
2. 您担心科学数据共享后可能会被恶意使用或篡改：
A. 非常不同意　B. 不同意　C. 基本不同意　D. 不清楚
E. 基本同意　F. 同意　G. 非常同意
3. 总体而言，您认为将科学数据进行共享面临较大的风险：
A. 非常不同意　B. 不同意　C. 基本不同意　D. 不清楚
E. 基本同意　F. 同意　G. 非常同意

****感知有用性****

1. 通过科学数据共享可以增加论文的可信度：
A. 非常不同意　B. 不同意　C. 基本不同意　D. 不清楚
E. 基本同意　F. 同意　G. 非常同意
2. 通过科学数据共享可以提升论文的关注度：
A. 非常不同意　B. 不同意　C. 基本不同意　D. 不清楚
E. 基本同意　F. 同意　G. 非常同意
3. 通过科学数据共享可以提高论文的被引次数：
A. 非常不同意　B. 不同意　C. 基本不同意　D. 不清楚
E. 基本同意　F. 同意　G. 非常同意
4. 通过科学数据共享并被其他科研人员引用，有助于提高您在同行中的知名度：
A. 非常不同意　B. 不同意　C. 基本不同意　D. 不清楚
E. 基本同意　F. 同意　G. 非常同意
5. 通过引用已共享的科学数据，可以节省您的实验成本：
A. 非常不同意　B. 不同意　C. 基本不同意　D. 不清楚
E. 基本同意　F. 同意　G. 非常同意

****主观规范****

1. 同事、朋友或领导的建议或行为对您是否进行科学数据共享有较大的影响：
A. 非常不同意　B. 不同意　C. 基本不同意　D. 不清楚
E. 基本同意　F. 同意　G. 非常同意
2. 知名专家的建议或行为对您是否进行科学数据共享有较大的影响：

A. 非常不同意　B. 不同意　C. 基本不同意　D. 不清楚
E. 基本同意　F. 同意　G. 非常同意

3. 学术界的宣传和倡导对您是否进行科学数据共享有较大的影响：

A. 非常不同意　B. 不同意　C. 基本不同意　D. 不清楚
E. 基本同意　F. 同意　G. 非常同意

****促进条件****

1. 您所在的单位是否制定了科学数据共享的奖励政策，对您是否进行科学数据共享有较大的影响：

A. 非常不同意　B. 不同意　C. 基本不同意　D. 不清楚
E. 基本同意　F. 同意　G. 非常同意

2. 课题资金支持机构对科学数据共享的要求强烈程度对您是否进行科学数据共享有较大的影响：

A. 非常不同意　B. 不同意　C. 基本不同意　D. 不清楚
E. 基本同意　F. 同意　G. 非常同意

3. 杂志社是否优先出版已进行科学数据共享的论文对您是否进行科学数据共享有较大的影响：

A. 非常不同意　B. 不同意　C. 基本不同意　D. 不清楚
E. 基本同意　F. 同意　G. 非常同意

4. 您所在的单位或学科相关协会是否建立了科学数据共享平台对您是否进行科学数据共享有较大的影响：

A. 非常不同意　B. 不同意　C. 基本不同意　D. 不清楚
E. 基本同意　F. 同意　G. 非常同意

****科学数据共享态度****

1. 将科学数据进行共享是一个好的主意：

A. 非常不同意　B. 不同意　C. 基本不同意　D. 不清楚
E. 基本同意　F. 同意　G. 非常同意

2. 将科学数据共享是很有必要的：

A. 非常不同意　B. 不同意　C. 基本不同意　D. 不清楚
E. 基本同意　F. 同意　G. 非常同意

3. 将科学数据共享是一个明智的选择：

A. 非常不同意　B. 不同意　C. 基本不同意　D. 不清楚
E. 基本同意　F. 同意　G. 非常同意

****科学数据共享意愿****

1. 您乐意将科学数据进行共享：

A. 非常不同意　B. 不同意　C. 基本不同意　D. 不清楚
E. 基本同意　F. 同意　G. 非常同意

2. 您乐意其他研究人员以任何目的重用您的科学数据：

A. 非常不同意　B. 不同意　C. 基本不同意　D. 不清楚
E. 基本同意　F. 同意　G. 非常同意

3. 您希望同行在使用您的科学数据时标注引用：

A. 非常不同意　B. 不同意　C. 基本不同意　D. 不清楚
E. 基本同意　F. 同意　G. 非常同意

4. 您希望同行在使用您的科学数据时将您列为合作者：

A. 非常不同意　B. 不同意　C. 基本不同意　D. 不清楚
E. 基本同意　F. 同意　G. 非常同意

5. 日后，您将通过科学数据共享将科研数据免费开放：

A. 非常不同意　B. 不同意　C. 基本不同意　D. 不清楚
E. 基本同意　F. 同意　G. 非常同意

6. 您会建议他人将科学数据进行共享：

A. 非常不同意　B. 不同意　C. 基本不同意　D. 不清楚
E. 基本同意　F. 同意　G. 非常同意

附录二　植物学基因表达实验数据描述元素调查研究（第一轮）

本书拟开发一套能够准确、全面地描述基因表达实验的元素，涵盖实验设计、实验操作、实验结果等方面，其目的是有利于实验数据的保存、检索和重用。

一、您的基本信息

1. 您的性别：

□男　　□女

2. 您的学历：

□本科　□硕士　□博士

3. 您的职称：

□初级　□中级　□副高级　□正高级　□其他

4. 您的专业：____________________

二、请您为以下描述元素打分（1～5分），其中：

5分——非常重要；

4分——比较重要；

3分——一般重要；

2分——不重要；

1分——非常不重要。

1. 您认为以下实验步骤在一个完整实验中的重要程度，以及需要补充的实验步骤：

实验步骤名称	分数
实验设计	
实验操作	
实验结果	

您认为需要补充的实验步骤：____________________

2. 对于基因表达实验设计过程，您认为以下描述元素是否重要：

	二级元素集	分数	三级元素集	分数
实验设计	实验目的			
	实验方法			
	实验测试基因			
	实验异常处理类型		非生物胁迫	
			生物胁迫	
	实验材料		实验样本品种	
			实验对照品种	
			实验样本来源（提供单位等）	

您认为需要补充的描述元素：________________

3. 对于基因表达实验操作过程，您认为以下描述元素是否重要：

	二级元素集	分数	三级元素集	分数
实验操作	实验样本培养条件		样本培养条件	
			对照组培养条件	
	实验取样条件		样本取样时间	
			样本取样部位	
			对照组取样时间	
			对照组取样部位	
	实验引物		上引物	
			下引物	
	实验试剂		试剂名称	
			试剂浓度	
	病原接种		病原名称	
			接种时间	
			病原来源	
	实验仪器		仪器名称	
			生产厂家	
	扩增程序			

您认为需要补充的描述元素：________________

4. 对于基因表达实验的实验结果，您认为以下描述元素是否重要：

	描述元素	分数
实验结果	原始数据	
	校正数据（分析后的数据）	
	分析结果	
	实验结论	

您认为需要补充的描述元素：________________

5. 基因表达实验产生的可用数据格式一般为：【多选】

□TXT 文件　□Word 文件　□Excel 文件　□图片文件　□Pcrd 文件

□其他，请注明______________________________

6. 您的实验数据一般存储在：【多选】

□个人计算机文件夹　□公共数据库　□在线云端　□其他，请注明______

7. 您的实验数据是否存在有效期（失去科研价值）：

□没有　□有，时间一般为______________________________

8. 如果他人向您索要实验数据（已发表过论文的实验数据），您可能提供的方式：【多选】

□在线预览　□免费下载　□邮件联系　□付费获取　□涉密不公开

□其他，请注明______________________________

附录三　植物学基因表达实验数据描述元素调查研究（第二轮）

本书拟开发一套能够准确、全面地描述基因表达实验的元素，涵盖实验设计、实验操作、实验结果等方面，其目的是有利于实验数据的保存、检索和重用。

请您为以下描述元素打分（1～5分），其中：

5分——非常重要；
4分——比较重要；
3分——一般重要；
2分——不重要；
1分——非常不重要。

1. 您认为以下实验步骤在一个完整实验中的重要程度，以及需要补充的实验步骤：

实验步骤名称	分数
实验设计	
实验操作	
实验数据处理	
实验结果	

您认为需要补充的实验步骤：______

2. 对于基因表达实验设计过程，您认为以下描述元素是否重要：

<table>
<tr><td rowspan="10">实验设计</td><td>二级元素集</td><td>分数</td><td>三级元素集</td><td>分数</td></tr>
<tr><td>实验目的</td><td></td><td></td><td></td></tr>
<tr><td>实验方法</td><td></td><td></td><td></td></tr>
<tr><td>技术路线</td><td></td><td></td><td></td></tr>
<tr><td>实验测试基因</td><td></td><td></td><td></td></tr>
<tr><td rowspan="2">实验异常处理类型</td><td rowspan="2"></td><td>非生物胁迫</td><td></td></tr>
<tr><td>生物胁迫</td><td></td></tr>
<tr><td rowspan="3">实验材料</td><td rowspan="3"></td><td>实验样本品种</td><td></td></tr>
<tr><td>实验对照品种</td><td></td></tr>
<tr><td>实验样本来源（提供单位等）</td><td></td></tr>
</table>

您认为需要补充的描述元素：________________________________

3. 对于基因表达实验操作过程，您认为以下描述元素是否重要：

	二级元素集	分数	三级元素集	分数
实验操作	实验样本培养条件		样本培养条件	
			对照组培养条件	
	实验取样条件		样本取样时间	
			样本取样部位	
			对照组取样时间	
			对照组取样部位	
	实验引物		内参基因	
			上引物	
			下引物	
	实验试剂		试剂名称	
			试剂浓度	
	病原接种		病原名称	
			接种时间	
			病原来源	
	实验仪器		仪器名称 生产厂家	
	扩增程序			

您认为需要补充的描述元素：________________________________

4. 对于基因表达实验数据处理过程，您认为以下描述元素是否重要：

	描述元素	分数
实验数据处理	原始数据	
	校准数据	
	数据验证	
	数据分析	
	图表分析	

5. 对于基因表达实验的实验结果，您认为以下描述元素是否重要：

	描述元素	分数
实验结果	数据分析结果	
	实验结论	

您认为需要补充的描述元素：________________________________

**************************非常感谢您的参与和支持**************************

附录四　基因表达实验数据关联数据组织系统调查测评

本书开发了一个基因表达实验数据的组织系统，数据范围包括实验设计、实验操作、实验结果以及对应科研论文等方面，该数据组织系统的目的是有利于实验数据的保存、检索和重用。现需要您对该系统的功能进行测评，为系统的完善提供宝贵意见。

一、您的基本信息

1. 您的性别：

□男　　□女

2. 您的学历：

□本科　　□硕士　　□博士

3. 您的职称：

□初级　　□中级　　□副高级　　□正高级　　□其他

4. 您的专业：____________________研究方向：________________________

二、以实验“水稻胚乳贮藏物代谢相关基因响应花后高温胁迫的微列阵分析”为例

图 1～图 3 分别为该数据组织系统中对应该实验的“实验设计”“实验操作”“实验结果”数据，图 4 为该实验对应的论文信息。

图中所示数据内容为非汉字的，均是可以继续点击、访问的网址。

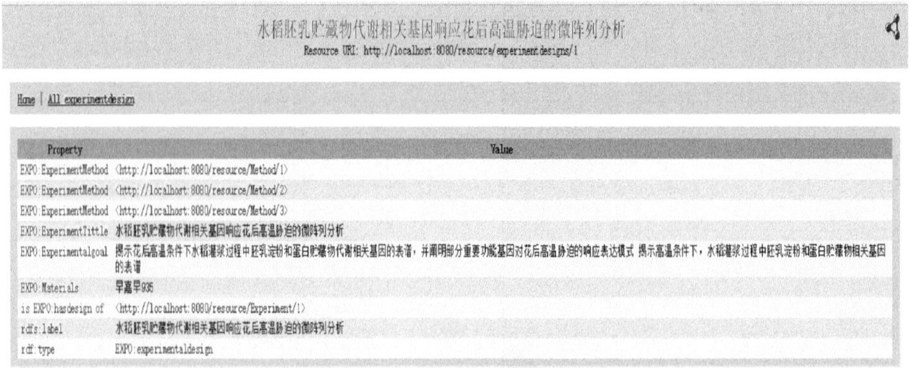

水稻胚乳贮藏物代谢相关基因响应花后高温胁迫的微阵列分析
Resource URI: http://localhost:8080/resource/experimentdesigns/1

Home | All experimentdesign

Property	Value
EXPO:ExperimentMethod	〈http://localhost:8080/resource/Method/1〉
EXPO:ExperimentMethod	〈http://localhost:8080/resource/Method/2〉
EXPO:ExperimentMethod	〈http://localhost:8080/resource/Method/3〉
EXPO:ExperimentTittle	水稻胚乳贮藏物代谢相关基因响应花后高温胁迫的微阵列分析
EXPO:Experimentalgoal	揭示花后高温条件下水稻灌浆过程中胚乳淀粉和蛋白贮藏物代谢相关基因的表谱，并阐明部分重要功能基因对花后高温胁迫的响应表达模式 揭示高温条件下，水稻灌浆过程中胚乳淀粉和蛋白贮藏物相关基因的表谱
EXPO:Materials	早嘉早935
is EXPO:hasdesign of	〈http://localhost:8080/resource/Experiment/1〉
rdfs:label	水稻胚乳贮藏物代谢相关基因响应花后高温胁迫的微阵列分析
rdf:type	EXPO:experimentaldesign

图 1　实验设计数据

实验设计数据包括实验方法、实验名称、实验目标、实验材料信息，分别对应图中的 ExperimentMethod、ExperimentTittle、ExperimentalGoal、Materials，其中实验方法为网址，点击图中的网址可查看实验方法的具体信息。

水稻胚乳贮藏物代谢相关基因响应花后高温胁迫的微阵列分析
Resource URI: http://localhost:8080/resource/experimentAction/1

Home | All ExperimentAction

Property	Value
GEEO:AmplificationProgram	"94℃预变性4 min，每个循环于94℃下变性30 s，58℃下退火60 s，72℃ 下延伸120 s，共40 个循环"
GEEO:ExperimentalGroupCultivationCondition	高温32℃做高温胁迫，适温22℃做对照
GEEO:ExperimentalGroupSamplingLocation	稻穗
GEEO:ExperimentalGroupSamplingTime	开花后的第5 天、第10天、第15 天和第20 天
is EXPO:PlanExperimentActions of	<http://localhost:8080/resource/Experiment/1>
GEEO:Reagent	<http://localhost:8080/resource/Reagent/1>
GEEO:Reagent	<http://localhost:8080/resource/Reagent/2>
GEEO:SPrimer	"5′-CCCAGTCACGACGTT GTAAAACG-3′"
GEEO:XPrimer	"5′-AGCGGATAATTTCAC ACAGG -3′"
rdfs:label	水稻胚乳贮藏物代谢相关基因响应花后高温胁迫的微阵列分析
DC:tittle	水稻胚乳贮藏物代谢相关基因响应花后高温胁迫的微阵列分析
rdf:type	EXPO:planExperimentAction

Generated by D2R Server

图 2　实验操作数据

实验操作包括扩增程序、实验组培养条件、实验组取样部位、实验组取样时间、实验试剂、上下引物，分别对应图中的 AmlificationProgram、ExpcrimcntalGroupCultivationCondition、ExperimentGroupSamplingLocation、ExperimentGroupSamplingTime、Reagent、Primer，其中实验试剂为可打开的网址，点击网址可查看对应的实验试剂名称和使用浓度。

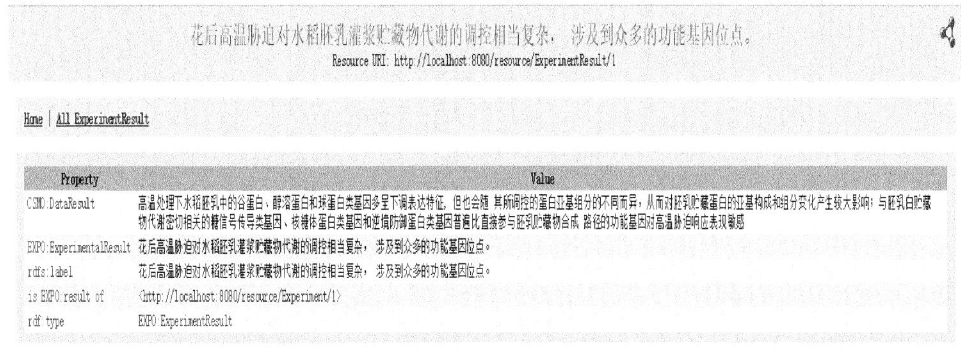

花后高温胁迫对水稻胚乳灌浆贮藏物代谢的调控相当复杂，涉及到众多的功能基因位点。
Resource URI: http://localhost:8080/resource/ExperimentResult/1

Home | All ExperimentResult

Property	Value
CSMO:DataResult	高温处理下水稻胚乳中的谷蛋白、醇溶蛋白和球蛋白类基因多呈下调表达特征，但也会随 其所调控的蛋白亚基组分的不同而异，从而对胚乳贮藏蛋白的亚基构成和组分变化产生较大影响；与胚乳白贮藏物代谢密切相关的糖信号传导类基因、核糖体蛋白类基因和逆境防御蛋白类基因普遍比直接参与胚乳贮藏物合成 路径的功能基因对高温胁迫响应表现敏感
EXPO:ExperimentalResult	花后高温胁迫对水稻胚乳灌浆贮藏物代谢的调控相当复杂，涉及到众多的功能基因位点。
rdfs:label	花后高温胁迫对水稻胚乳灌浆贮藏物代谢的调控相当复杂，涉及到众多的功能基因位点。
is EXPO:result of	<http://localhost:8080/resource/Experiment/1>
rdf:type	EXPO:ExperimentResult

Generated by D2R Server

图 3　实验结果数据

实验结果包括实验数据分析结果和实验结果概述，分别对应图中 DataResult、ExperimentalResult。

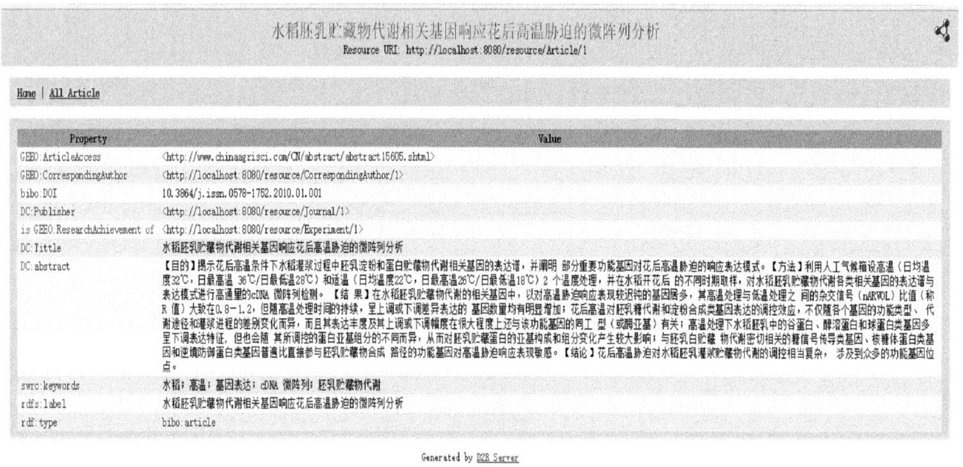

水稻胚乳贮藏物代谢相关基因响应花后高温胁迫的微阵列分析
Resource URI: http://localhost:8080/resource/Article/1

Home | All Article

Property	Value
GEEO:ArticleAccess	<http://www.chinaagrisci.com/CN/abstract/abstract15605.shtml>
GEEO:CorrespondingAuthor	<http://localhost:8080/resource/CorrespondingAuthor/1>
bibo:DOI	10.3864/j.issn.0578-1752.2010.01.001
DC:Publisher	<http://localhost:8080/resource/Journal/1>
is GEEO:ResearchAchievement of	<http://localhost:8080/resource/Experiment/1>
DC:Tittle	水稻胚乳贮藏物代谢相关基因响应花后高温胁迫的微阵列分析
DC:abstract	【目的】揭示花后高温条件下水稻灌浆过程中胚乳淀粉和蛋白贮藏物代谢相关基因的表达谱，并阐明 部分重要功能基因对花后高温胁迫的响应表达模式。【方法】利用人工气候箱设高温（日均温度32℃，日最高温 36℃/日最低温28℃）和适温（日均温度22℃，日最高温26℃/日最低温18℃）2 个温度处理，并在水稻开花后 的不同时期取样，对水稻胚乳贮藏物代谢各类相关基因的表达谱与表达模式进行高通量的cDNA 微阵列检测。【结 果】在水稻胚乳贮藏物代谢的相关基因中，以对高温胁迫响应表现较迟钝的基因居多，其高温处理与低温处理之 间的杂交信号（nARVOL）比值（称R 值）大致在0.8－1.2，但随高温处理时间的持续，呈上调或下调差异表达的 基因数量均有明显增加；花后高温对胚乳糖代谢和淀粉合成类基因表达的调控效应，不仅随各个基因的功能类型、代谢途径和灌浆进程的差别变化而异，而且其表达丰度及其上调或下调幅度在很大程度上还与该功能基因的同工 型（或酶亚基）有关；高温处理下水稻胚乳中的谷蛋白、醇溶蛋白和球蛋白类基因多呈下调表达特征，但也会随 其所调控的蛋白亚基组分的不同而异，从而对胚乳贮藏蛋白的亚基构成和组分变化产生较大影响；与胚乳白贮藏 物代谢密切相关的糖信号传导类基因、核糖体蛋白类基因和逆境防御蛋白类基因普遍比直接参与胚乳贮藏物合成 路径的功能基因对高温胁迫响应表现敏感。【结论】花后高温胁迫对水稻胚乳灌浆贮藏物代谢的调控相当复杂， 涉及到众多的功能基因位点。
swrc:keywords	水稻；高温；基因表达；cDNA 微阵列；胚乳贮藏物代谢
rdfs:label	水稻胚乳贮藏物代谢相关基因响应花后高温胁迫的微阵列分析
rdf:type	bibo:article

Generated by D2R Server

图 4　实验对应论文信息

实验对应论文信息即根据该实验发表的论文，包括论文下载地址、作者、期刊网站、论文名称、摘要、关键词，其中论文下载地址、期刊主页分别为图中的ArticleAccess、Publisher，且均为网址数据，点击对应的网址可直接下载该论文和访问期刊主页。

根据上图请回答以下问题：

1. 您认为以上数据能否完整描述该实验：

□非常完整　□完整　□一般　□不完整　□非常不完整

您认为不完整的原因是：______________________________

您认为需要补充的数据：______________________________

2. 您认为采用这样的方式组织实验数据是否有用？

□非常有用　□有用　□一般　□没有用　□非常没有用

有用或没有的理由：______________________________

3. 以上图中所示数据、数据类型，在您日常查找文献、数据时是否为有价值信息：

□非常有价值　□有价值　□一般　□没有价值　□非常没有价值

4. 上图所示数据支持各对应字段的检索，并可以根据数据链接到对应的论文且提供下载页面，如果在论文检索的同时提供上图展示的实验数据检索入口，您会选择哪一个进行数据检索？

□论文检索　□上图所示数据检索　□同时使用　□先进行论文检索，重用数据检索　□先数据检索，再论文检索

您使用该数据检索系统的理由：______________________________

您不使用该数据检索系统的理由：______________________________

5. 通过上图所示方式存储实验数据，您认为对于改善数据丢失情况是否有用？

□非常有用　□有用　□一般　□没有用　□非常没有用

6. 通过上图所示方式存储实验数据，您认为对实验数据的长期保存是否有用？

□非常有用　□有用　□一般　□没有用　□非常没有用

7. 上图所示实验数据，没有包括哪些您需要的数据？

____

8. 您认为上图所示的数据组织方式，是否会给您的科研需求带来便利？

□非常便利　□便利　□一般　□不便利　□非常不便利

不便利的原因是：______________________________________

9. 如果您所在的实验室引进该系统，您是否愿意使用？

□非常愿意　□愿意　□一般　□不愿意　□非常不愿意

您愿意或不愿意使用的理由是______________________________

10. 如果该系统存储了您研究领域的所有实验数据，您是否会使用该系统查询数据？

□经常使用　□偶尔使用　□可能使用　□不确定　□不使用

11. 您认为通过这样的方式组织数据，是不是个好主意？

□非常好的主意　□好主意　□一般　□不是个好主意　□非常不好的主意

12. 您认为以下两种实验数据组织、存储方式，哪种更有优势？

□上图所示的实验数据组织方式

□传统的文件保存方式

理由____

13. 你认为上图所示的系统截图，还有哪些不足？【多选】

□界面理解有困难

□数据不够丰富

□数据内容不够细致

14. 在大数据科研环境下，您认为这样的实验数据组织方式是不是能够更加方便数据检索、查询需求？

□非常方便　□方便　□一般　□不方便　□非常不方便

15. 您对该系统有何意见或看法？

____

*****************************感谢您的参与*****************************